FÜR LAURA!
ALLES LIEBE ZUM 6. GEBURTSTAG
WÜNSCHT DEINE FREUNDIN DÉSIRÉE

Mein buntes Naturlexikon

Illustrationen:

Mein buntes Naturlexikon

Unipart bei area

Titel der Originalausgabe: Mon Premier Larousse de la nature

Einbandgestaltung: agilmedien, Köln
Druckvorstufe: GEM mbH, Ratingen
Printed in Slovenia 2005

ISBN 3-89996-663-5

www.area-verlag.de

Mein buntes Naturlexikon

unipart

Inhalt

1. Im Garten

Das Leben im Garten	6–7
Bäume im Park	8–9
Gartenblumen	10–13
Der Gemüsegarten	14–15
Im Obstgarten	16–17
Kleine Tiere im Garten	18–19
Der Schmetterling	20–21
Vögel im Garten	22–23
Der Garten im Jahreslauf	24–25

2. Auf dem Land

Das Leben auf dem Land	26–27
Auf Wiesen und Weiden	28–29
Kleine Tiere in Wiese und Feld	30–31
Blumen auf den Feldern	32–33
Insekten auf der Wiese	34–35
Die Schnecke	36–37
Die Vögel der Felder	38–39
Auf Feldern und Äckern	40–41
Tiere auf dem Bauernhof	42–43
Auf dem Land im Jahreslauf	44–45

3. Flüsse und Seen

Das Leben am und im Wasser	46–47
Bäume und andere Pflanzen	48–49
Insekten an Flüssen und Seen	50–51
Der Frosch	52–53
Süßwasserfische	54–57
Vögel an Bach und Weiher	58–59
Zugvögel	60–61
Am Flussufer	62–63
Fluss und See im Jahreslauf	64–65

4. Im Wald

Das Leben im Wald	66–67
Die Bäume des Waldes	68–69
Forst, Waldrand und Lichtungen	70–71
Pflanzen im Unterholz	72–73
Pilze	74–75
Kleine Waldtiere	76–77
Die Vögel des Waldes	78–79
Kauz, Uhu und andere Eulen	80–81
Säugetiere des Waldes	82–83
Der Wald im Jahreslauf	84–85

5. An der Küste

Das Leben an der Küste 86–87
Am Strand 88–89
Muscheln, Schnecken und Algen 90–91
Am Felsstrand 92–93
Krebse und Krabben 94–95
Hummer und Garnele 96
Krake, Tintenfisch und Kalmar 97
Die Fische des Meeres 98–99
Meeresvögel 100–101
In den Dünen 102–103
Die Küste im Jahreslauf 104–105

6. Im Gebirge

Das Leben in den Bergen 106–107
Auf der Alm 108–109
Blumen und Sträucher 110–111
Wildbäche und Wasserfälle 112–113
Der Bergwald 114–115
Die Vogelwelt der Berge 116–117
Tiere im Gebirge 118–119
Das Murmeltier 120–121
Die Gestalt der Berge 122–123
Das Gebirge im Jahreslauf 124–125

7. Am Mittelmeer

Das Leben am Mittelmeer 126–127
Mittelmeerpflanzen 128–129
Die Bäume der Mittelmeerländer 130–131
Blumen und Früchte 132–133
Weinstock und Olivenbaum 134–135
Haustiere und wilde Tiere 136–137
Kleintiere und Insekten 138–139
Die Eidechse 140–141
Die Küsten des Mittelmeers 142–143
Am Mittelmeer im Jahreslauf 144–145

Tafeln 147–157

Tafel 1: Blumen 146–147
Tafel 2: Gemüse 148
Tafel 3: Gewürz- und Kuchenkräuter 149
Tafel 4: Beeren 149
Tafel 5: Obstbäume 150
Tafel 6: Bäume 151
Tafel 7: Tiere auf dem Bauernhof 152
Tafel 8: Säugetiere 153
Tafel 9: Vögel 154
Tafel 10: Insekten 155
Tafel 11: Reptilien und Amphibien 155
Tafel 12: Fische 156
Tafel 13: Krustentiere und Weichtiere 156
Tafel 14: Formen in der Natur 157

Das Leben im

Garten

Jeder Garten ist eine kleine Welt, die der Gärtner sich erschaffen hat. Die Pflanzen, die hier wachsen, hat er wegen ihrer Farbe, ihres Dufts oder ihres Geschmacks ausgesucht: Bäume, Sträucher, Blumen, Gemüse. Zahlreiche Vögel und allerhand kleines Getier tummeln sich im Grünen.

Mach einen Spaziergang durch den Garten und suche

- einen Marienkäfer
- eine Kirsche
- ein Radieschen
- Lauch.

Und vergiss nicht, die Rätselfrage des Gärtners zu beantworten!

Hast du erraten, welches Tier das Maskottchen des Gartens ist? Du kannst es auf jeder Doppelseite dieses Kapitels wiederfinden – viel Spaß beim Suchen!

Bäume im Park

In Parks und öffentlichen Anlagen kann man auch Bäume bewundern, die in unseren Wäldern von Natur aus nicht wachsen. Oft stammen sie aus fernen Ländern. Um sie zu erkennen, muss man sich ihre Blätter oder Nadeln anschauen.

Der **Mammutbaum** wird sehr hoch und läuft oben spitz zu. Seine Rinde ist dick und weich.

Die langen Äste der **Zeder** wachsen fast waagerecht vom Stamm weg.

Die hell gefleckte Rinde der **Platane** löst sich in großen Placken ab.

Die Früchte der **Rosskastanie** sind von stachligen runden Hülsen umschlossen und nicht essbar.

Die **Linde** treibt im Sommer kleine Blüten, aus denen man einen Tee bereiten kann.

Im Herbst ist die Erde unter dem **Ginkgo** mit seinen goldfarbenen Blättern übersät. Seine Heimat ist Asien.

Die Früchte des **Ahorns** haben zwei kleine »Flügel«, die sich im Wind drehen. Im Herbst wird sein Laub bunt.

Bessere Luft durch Bäume

Die Blätter der Bäume nehmen das Kohlendioxid aus der Luft auf und geben dafür Sauerstoff ab. Bäume sind daher besonders wertvoll für unsere Städte, weil sie die schädlichen Bestandteile aus der Atemluft herausfiltern und die gesunden vermehren.

Gartenblumen ❶

Blumen gibt es in allen Größen und Farben. Man sät die Samen im Frühjahr aus, damit die Blumen im Sommer oder im Herbst blühen.

Du kannst Blumen ziehen, indem du Samen aussäst. Diese entwickeln sich in der Blüte in den Samenanlagen. Wenn die Blüte welkt, werden die Samen reif.

Blumen brauchen Insekten

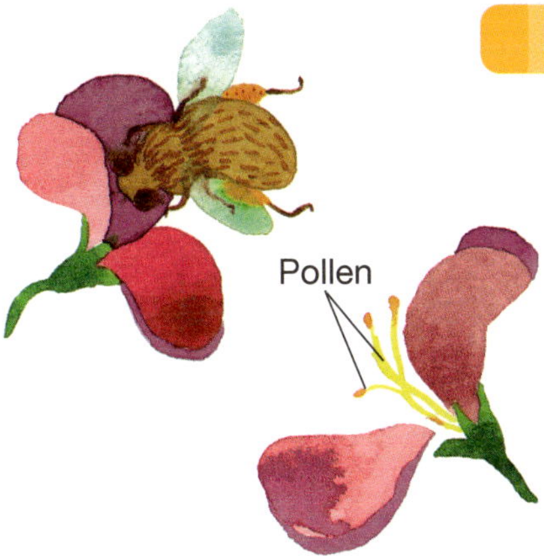

Um Samen bilden zu können, brauchen Blumen die Hilfe von Insekten.

Wenn sie von Blüte zu Blüte fliegen, um **Nektar** zu trinken, bleibt der **Pollen** an ihren Beinchen hängen.

Wenn der Pollen einer Blume am **Stempel** einer anderen kleben bleibt, kann sich **Samen** bilden.

Blumen, die man aussäen muss

Die **Ringelblume** blüht goldgelb.

Die **Wicke** duftet fein.

Das **Stiefmütterchen** hat kleine violette oder gelbe Blüten.

Auch der **Goldlack** duftet.

Die **Kapuzinerkresse** hat gelbe, rote oder orangefarbene Blüten.

Die **Primel** hat gelbe, weiße oder violette Blüten.

Die **Nelke** duftet gut.

Die **Stockrose** hat einen hohen Stängel und blüht in vielen Farben.

Gartenblumen ❷

Bestimmte Gartenblumen wachsen und blühen jedes Jahr von selbst wieder. Um diese Blumen zu ziehen, pflanzt man ihre Zwiebeln oder Wurzelstöcke ein.

Blumen, die jedes Jahr wieder blühen (Mehrjährige oder Stauden)

Blumenzwiebeln und Wurzelstöcke, die auch **Rhizome** genannt werden, enthalten Nährstoffe, mit denen die Pflanze **mehrere Jahre** überdauern kann.

Tulpen gibt es in allen Farben außer Blau.

Die **Osterglocke** blüht goldgelb.

Das **Schneeglöckchen** blüht am Ende des Winters.

Die **Dichternarzisse** ist cremefarben und in der Mitte orange.

Hyazinthen blühen blau, weiß oder rosa. Sie duften stark.

Die Blüte der **Iris** ist violett, weiß oder gelb.

Die **Dahlie** hat große Blüten in allen Farben.

Eine Blume im Winter

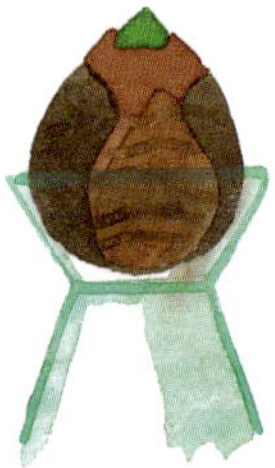

Stelle eine Hyazinthenzwiebel ins **Wasser** ...

... nach ein paar Wochen treibt sie **Blätter und Wurzeln** ...

... und die **Knospen** gehen auf: welch ein Duft!

Rosen

Heckenrose

Gartenrose

Alle Rosenarten stammen von der Heckenrose oder Wildrose ab.

Auch die **Clematis** ist eine Kletterpflanze. Ihre Blüten sind rosarot, weiß, blau oder auch gelb.

Die **Glyzine** ist eine Kletterpflanze mit einem kräftigen Stamm. Wegen ihrer bläulichen Blüten, die in Trauben wachsen, heißt sie auch **Blauregen**.

Der **Flieder** ist ein Strauch. Seine weißen oder violetten Blüten wachsen in dichten Trauben und duften stark.

Der Gemüsegarten

Gemüse nennen wir Pflanzen, die wir essen können (und die nicht zum Obst gehören). Selbst gezogenes Gemüse aus dem eigenen Garten schmeckt besonders gut.

Wie wachsen Gemüsepflanzen?

Vom Samenkorn zum Salat
1. Ein Samenkorn. 2. Ein kleiner Spross. 3. Ein Blatt. 4. Wurzeln. 5. Die Blätter wachsen: Da haben wir den Salat!

Vom Samenkorn zur Tomate
1. Ein Samenkorn. 2. Ein kleiner Spross. 3. Blätter und Wurzeln. 4. Blüten. 5. Die reifen Tomaten.

Vom Samenkorn zur Möhre
1. Ein Samenkorn. 2. Ein kleiner Spross. 3. Blätter. 4. Eine Wurzel. 5. Die Wurzel wird größer und dicker: Das ist die Möhre.

Von der Kartoffel zur Kartoffel!
1. Eine Kartoffel. 2. Ein Keim. 3. Blätter. 4. Blüten. 5. Die Wurzeln und Wurzelknollen wachsen: Das sind die neuen Kartoffeln.

Je nach Gemüsesorte isst man die **Blätter**, die **Früchte**, die **Wurzeln** oder die **Samen** der Pflanze.

Salat Grünkohl Spinat

Tomate Gurke Kürbis

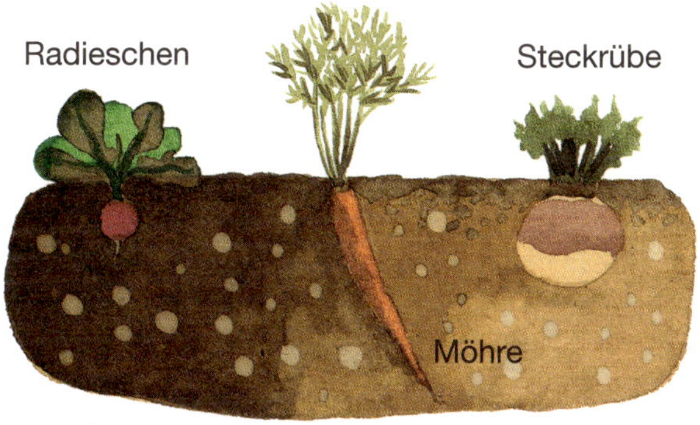

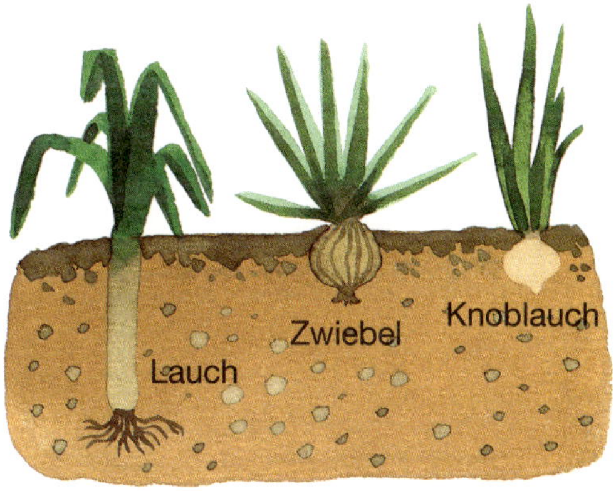

Die Körner in den Schoten sind die Samen der Bohnen.

Kartoffel Topinambur oder Erdbirne

Im Obstgarten

Obst wächst an Sträuchern oder Bäumen. Erst nachdem der Strauch oder der Baum geblüht hat, trägt er Früchte – das Obst, das wir im Sommer oder Herbst ernten können.

Beerenobst

Die **Erdbeere** ist die Frucht einer kleinen Pflanze mit weißen Blüten. Diese verwandeln sich nach wenigen Wochen in die saftigen Beeren, die wir alle kennen.

Die **Rote Johannisbeere** wächst an einem Strauch.

Auch die **Himbeere** pflücken wir von einem Strauch ...

... ebenso wie die **Schwarze Johannisbeere.**

Steinobst

Im Inneren mancher Früchte findet sich ein harter Kern oder **Stein**, der den Samen enthält. Dazu zählen ...

... Kirschen ...

... Pflaumen ...

... und Pfirsiche.

Kernobst

In anderen Früchten finden sich kleine **Kerne.** Das sind die Samen der Pflanze. Zum Kernobst zählen ...

... Äpfel ...

... und Birnen.

Kleine Tiere im Garten

Ob wir sie nun mögen oder uns vor ihnen ekeln – Insekten, Spinnen und Würmer sind für den Garten sehr wichtig. Hier stellen wir euch einige der häufigsten Arten vor.

Der Marienkäfer ist bei Gärtnern beliebt, denn er hält die Rosen frei von Blattläusen.

Ein Marienkäfer kommt zur Welt

1. Paarung. 2. Eiablage. 3. Die **Larven** schlüpfen aus den **Eiern**. 4. Sie ernähren sich von Blattläusen. 5. Die Larve verwandelt sich in eine **Puppe**. 6. Der fertige Marienkäfer schlüpft aus.

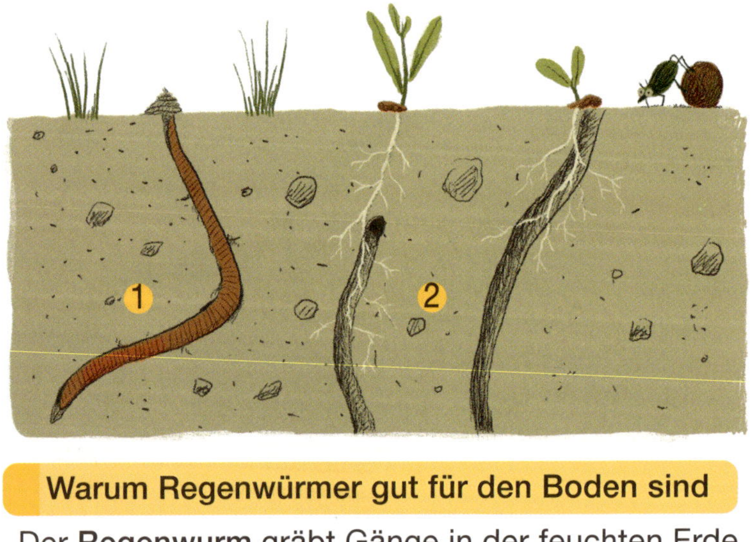

Warum Regenwürmer gut für den Boden sind

1. Der **Regenwurm** gräbt Gänge in der feuchten Erde, indem er sie auffrisst und die Reste ausscheidet. 2. So belüftet er den Boden: Die Pflanzen wachsen besser.

Der **Gold-** oder **Rosenkäfer** fällt durch seine schillernden Flügel auf – nicht nur auf Rosenblüten.

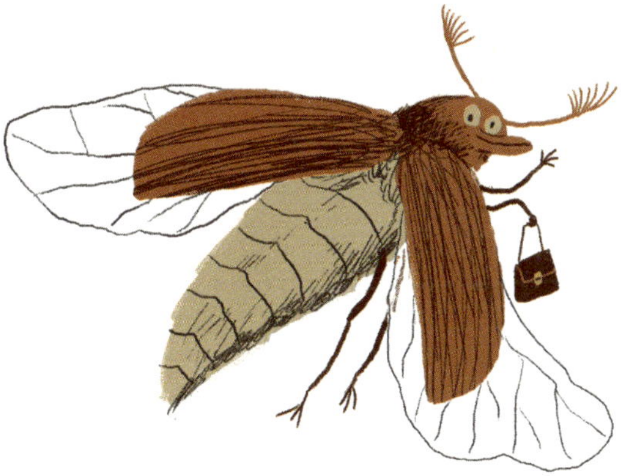

Ist dieser **Maikäfer** ein Männchen oder ein Weibchen? Beim Männchen haben die fächerartigen Fühler **sieben Lamellen**, beim Weibchen **sechs**.

Die **Hummel** hat einen rundlichen Leib. Vorsicht: Nicht mit der männlichen Biene, der Drohne, verwechseln!

Die **Gartenkreuzspinne** hat acht feingliedrige Beine. Mit ihrem Netz fängt sie Insekten, die sie anschließend verspeist.

Die rot-schwarze Musterung der **Feuerwanze** erinnert an eine exotische Maske.

Der **Ohrwurm** kriecht nicht in Ohren – er ernährt sich friedlich von Blütenblättern.

Die **Nacktschnecke** frisst gerne Salatblätter, genau wie ihre Verwandte, die Weinbergschnecke (siehe Seite 36).

Der Schmetterling

Der Schmetterling fliegt auf der Suche nach Nahrung von Blüte zu Blüte. Er legt winzige Eier, aus denen Raupen schlüpfen. Die Raupen verwandeln sich schließlich in Schmetterlinge.

Wie aus der Raupe ein Schmetterling wird

Das Weibchen legt seine **Eier** auf einem Blatt ab.

Eine **Raupe** schlüpft aus dem Ei.

Die Raupe ernährt sich von **Blättern**.

Die Raupe **wächst**. Bald wird ihr die **Haut** zu eng.

Deshalb **häutet** sie sich ...

... und zwar **mehrmals**.

Endlich verwandelt sie sich in eine **Puppe**.

Man erkennt schon den künftigen Schmetterling.

Der **Schmetterling** schlüpft und entfaltet seine Flügel.

Der Schmetterling rollt seinen Rüssel aus, um damit Nektar aus den Blüten zu saugen.

Mit seinen Facettenaugen kann der Schmetterling in alle Richtungen sehen.

Seine Flügel sind mit winzigen Schuppen bedeckt.

Der Schmetterling ist ein **Insekt**. Er hat vier große Flügel, die oft sehr bunt gefärbt sind. Man unterscheidet **Tagfalter** und **Nachtfalter**.

Die Flecken auf den Flügeln des **Tagpfauenauges** gleichen Augen.

Der große **Schwalbenschwanz** hat seinen Namen von der Form seiner Hinterflügel.

Der **Zitronenfalter** ist leuchtend gelb gefärbt.

Mit seinen düsteren Farben ist das **Große Nachtpfauenauge** nachts praktisch unsichtbar.

Vögel im Garten

5

Die Spatzen piepsen, die Amseln pfeifen, die Schwalben zwitschern, die Tauben gurren ... Jeder Vogel hat seine eigene Sprache, mit der er sich seinen Artgenossen zu erkennen gibt oder sie vor Gefahren warnt.

Jeder Vogel singt anders

1. **Der Haussperling oder Spatz:**
   »Tschilp-tschilp« oder »Dschuip-dschuip«

2. **Das Rotkehlchen:**
   »Zick-zick-zick«

3. **Die Amsel:**
   »Tix-tix-tix«

4. **Die Blaumeise:**
   »Zi-zi-zi-tü-tü-tü«

5. **Die Turteltaube:**
   »Turrr-turrr-turrr«

6. **Die Rauchschwalbe:**
   »Siwitt, siwitt«

7. **Der Mauersegler:**
   »Sriiih, sriiih«

Die **Rauchschwalbe** kehrt im Frühling aus Afrika zurück und baut ihr Nest unter vorspringenden Hausdächern oder in offenen Scheunen und Ställen.

Januar
Februar
Juni
Mai
Juli
August
Dezember
November

Der Garten im

Jahreslauf

Der Garten verändert sich von Monat zu Monat. Schau dir das Bild an – findest du

- das Schneeglöckchen?
- die Tulpe?
- eine Erdbeere?
- eine Tomate?
- die Dahlie?
- einen Kürbis?

Auch hier hat sich unser Maskottchen versteckt!

Das Leben auf dem

Land

Hier lernst du die Wiesen und Felder und Tiere des Bauernhofs kennen. Auf den Feldern wird Weizen oder Mais angebaut, auf den Wiesen weiden Kühe und Schafe, und auf dem Bauernhof werden Schweine und Geflügel gezüchtet.

Mach einen Spaziergang über den Bauernhof und suche

- eine Elster
- einen Hahn
- drei Küken
- eine Feldmaus.

Und vergiss nicht, die Rätselfrage des Bauern zu beantworten!

Hast du erraten, welches Tier das Maskottchen des Gartens ist? Du kannst es auf jeder Doppelseite dieses Kapitels wiederfinden – viel Spaß beim Suchen!

Auf Wiesen und Weiden

Auf den Wiesen oder Weiden grasen Kühe und Pferde. Oft sind die Wiesen und Weiden von Hecken umgeben. Im Frühling und im Sommer fressen die Tiere frisches Gras; im Winter bekommen sie Heu.

Klee und **Luzerne** werden angebaut, um daraus **Heu** als Winterfutter für die Kühe zu machen.

Die **Brennnessel** ist eine Wildpflanze. Wenn man sie anfasst, bekommt man juckende, brennende Bläschen.

Klee

Luzerne

Die **Distel** sticht auch, aber man bekommt davon keine Bläschen.

Im Juni werden die Wiesen gemäht, und das Gras wird als Winterfutter für die Tiere getrocknet: Das ist das **Heu**.

In den Hecken

Der **Brombeerstrauch** hat spitze Stacheln, aber auch süße schwarze Beeren.

Die **Heckenrose** hat rote Früchte, die Hagebutten genannt werden.

Der **Weißdorn** hat schöne, schneeweiße Blüten.

Die **Walnuss** wächst auf einem großen Baum ...

... die **Haselnuss** dagegen an einem Strauch.

Der **Holunder** hat duftende Blüten. Aus den Früchten macht man Marmelade.

Kleine Tiere in Wiese und Feld

In den Feldern und am Waldrand leben viele kleine Tiere. Vor ihren Feinden, wie Füchsen und Greifvögeln, verstecken sie sich in Erdlöchern und Bauen.

Der **Hase** ist größer als das Kaninchen. Er hat längere Ohren und kann schneller laufen.

Er gräbt sich keinen Bau, sondern versteckt sich in Bodenmulden.

Das **Kaninchen** lebt in Höhlen, die durch Gänge miteinander verbunden sind. Das nennt man einen **Bau**.

Kaninchen sind sehr fruchtbar: Ein Weibchen bringt im Jahr bis zu **40 Junge** zur Welt!

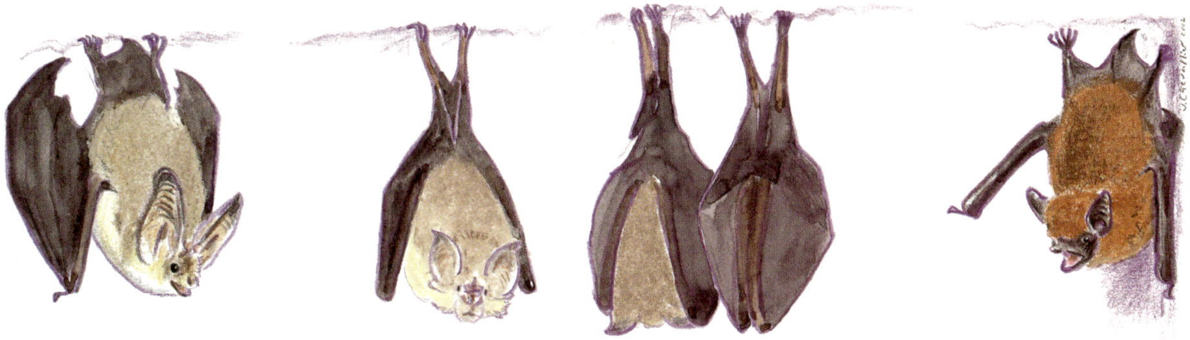

Die **Fledermaus** schläft tagsüber mit dem Kopf nach unten. Nachts jagt sie Insekten. Dabei fliegt sie im Zickzack.

Die **Feldmaus** hat einen kurzen Schwanz und winzige Ohren. Sie frisst Weizen, Mais und andere Körner.

Die graue **Waldmaus** hat einen langen Schwanz und große Ohren. Sie mag Körner, aber auch Insekten und Würmer.

Die **Spitzmaus** fängt mit ihrem langen, spitzen Maul Insekten, Würmer und andere kleine Tiere.

Der **Igel** sucht auch auf Straßen nach Insekten und Schnecken. Er ist ein hervorragender Schlangenjäger.

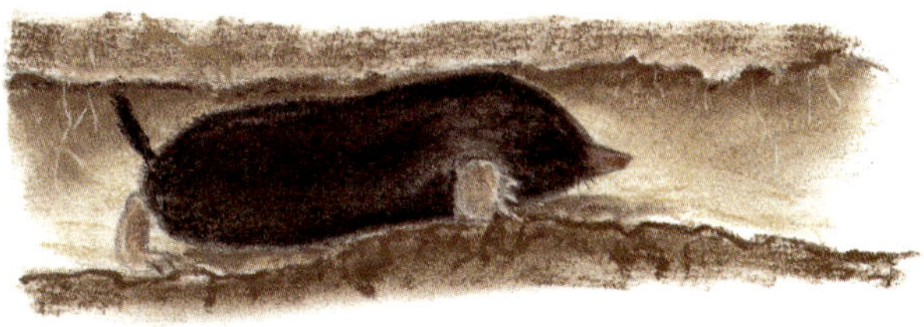

Der **Maulwurf** gräbt Gänge, indem er die Erde hinter sich schaufelt. Manche Wiesen sind von Maulwurfshügeln übersät.

Blumen auf den Feldern

Feldblumen blühen vom Frühling bis zum Herbst an Wegrändern und auf Wiesen. Viele Pflanzen, die wir als »Unkraut« bezeichnen, blühen besonders hübsch!

Die **Schlüsselblume** ist ein Frühlingsbote. Sie hat hübsche, glöckchenförmige Blüten.

Der **Hahnenfuß** blüht ab Mai. Seine goldgelben Blütenblätter glänzen wie lackiert.

Die kleinen **Gänseblümchen** bedecken die Wiese wie ein Teppich.

Die **Margerite** hat einen kräftigen Stängel.

Die Blütenblätter des **Klatschmohns** sind zart.

Die **Kornblume** ist heute nur noch selten zu sehen.

Die **Winde** blüht rot oder weiß; sie wickelt sich um die Stängel anderer Pflanzen.

Die **Herbstzeitlose** blüht von August bis Oktober. Sie ist giftig – nicht pflücken!

Der Löwenzahn streut seinen Samen in alle Winde ...

Der Löwenzahn hat **gezahnte** Blätter. Seine **Blüte** ist gelb. Nach der Blütezeit bilden seine Samen einen flockigen Ball. Der Wind trägt die einzelnen **Samen** wie kleine Fallschirme davon.

Blüten in allen Formen

Margerite: kranzförmig

Winde: trichterförmig

Löwenzahn: halbkugelförmig

Hahnenfuß: radförmig

Schlüsselblume: glockenförmig

Insekten auf der Wiese

Insekten haben zwei Fühler und sechs Beine. Den Winter verbringen sie ruhend in kleinen Schlupflöchern. Im Frühling kommen sie hervor, legen ihre Eier, sammeln Blütennektar und füttern ihre Larven . . .

An sonnigen Tagen kann man das laute Zirpen der **Grille** hören. Das Männchen erzeugt dieses Geräusch, indem es die Flügel aneinander reibt. Damit lockt es die Weibchen an.

Die **Heuschrecke** kann mit ihren kräftigen Hinterbeinen hoch über das Gras hinwegspringen. Sie ernährt sich von Pflanzen.

Nur das Weibchen des **Glühwürmchens** leuchtet. Nur das Männchen kann fliegen. In warmen Sommernächten lockt das Weibchen das Männchen mit einem kleinen grünen Licht am Hinterleib an.

Wespen, Bienen und Hornissen können sich mit schmerzhaften Stichen wehren, wenn man sie stört.

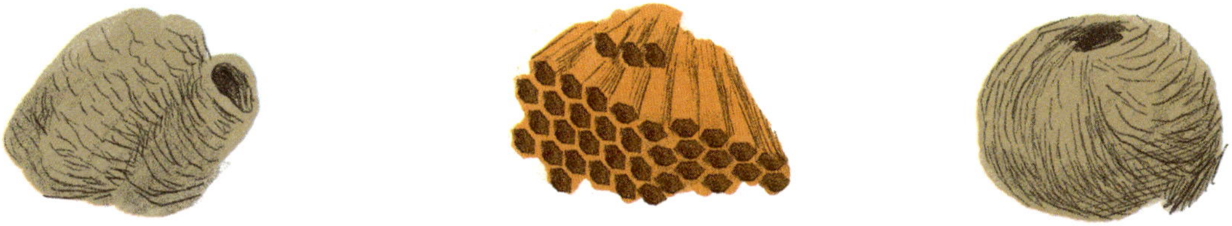

Die **Wespe** baut ihr **Nest** aus Holzresten.

Das **Bienennest** ist aus **Wachs** und in viele Zellen (= **Waben**) aufgeteilt.

Die **Hornisse** baut ihr Nest auch aus **Holz**.

Das Leben im Bienenstock

In einem Bienenstock hält man Bienen, um ihren Honig sammeln zu können. In jedem Stock gibt es nur eine **Königin**, aber Tausende von **Arbeiterinnen.** Die Königin legt Eier, die Arbeiterinnen bauen unermüdlich Waben. In diese legt die Königin ihre Eier – bis zu 2500 am Tag. Andere Waben dienen als Honiglager.

Wenn die **Larven** aus den Eiern schlüpfen, schwärmen die Arbeiterinnen aus, um Blütennektar zu sammeln. Daraus machen sie Honig, mit dem sie die Larven füttern. So gut genährt, gedeihen die Larven prächtig und wachsen schließlich zu erwachsenen Bienen heran.

Die Schnecke

Die Schnecke ist ein kleines Tier, das feuchtes Wetter liebt. Vor der Sonne schützt sie sich, indem sie sich in ihrem Haus verkriecht. Ihr Körper ist weich – die Schnecke zählt zu den Weichtieren. Sie kommt nur sehr langsam voran, aber sie kann in kurzer Zeit Unmengen von Blättern fressen.

Das gedrehte Schneckenhaus ist hart und sitzt auf dem Rücken der Schnecke. Ihr weicher Körper kann ganz in dem Haus verschwinden.

Ihre beiden Fühler kann sie einziehen und ausfahren und in alle Richtungen drehen. An den Spitzen sitzen die Augen.

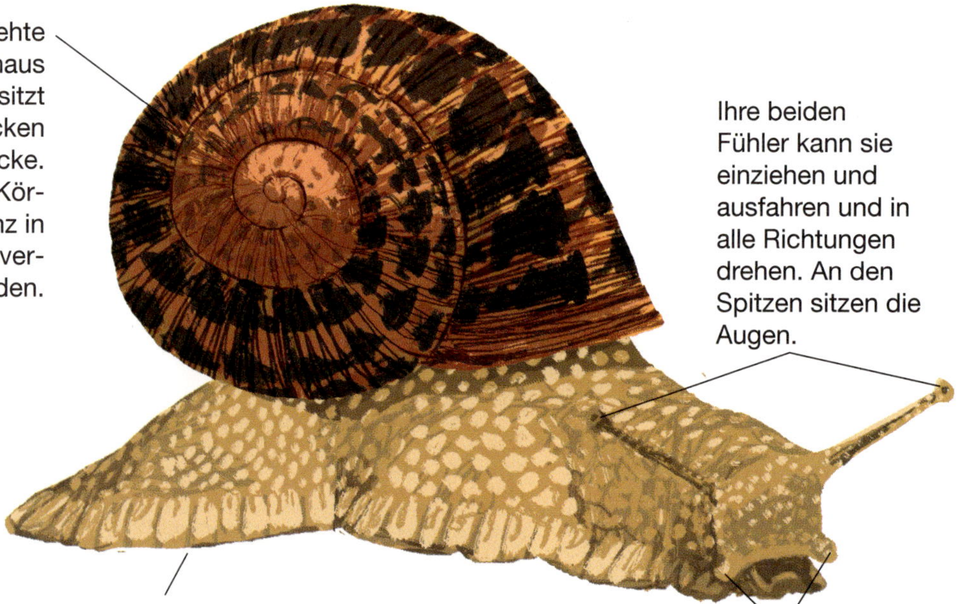

Die Schnecke kriecht auf ihrem flachen Fuß und hinterlässt dabei eine glänzende Schleimspur.

Das zweite Fühlerpaar ist kleiner; mit ihm kann die Schnecke auch riechen.

Die Schnecke sondert **Schleim** ab, der ihren Fuß beim Kriechen schützt.

So kann sie auch an Baumstämmen hinauf- und hinunterklettern.

Mit ihrer **rauen »Zunge« (Radula)** zerkleinert sie zarte Blätter.

Ein Schneckenleben: fressen, schlafen, im Regen spazieren kriechen

Die Schnecke legt ihre Eier in ein **Erdloch**.

Drei Wochen später schlüpfen winzige, durchsichtige Schneckchen.

Sobald ihr **Gehäuse** hart genug ist, kriechen sie nachts aus ihrem Loch.

Je mehr die kleine Schnecke frisst, desto **größer** wird sie.

Die Schnecke macht ihr Haus selbst. Es **wächst** mit ihr.

Wenn es ihr zu **heiß** wird, zieht sie sich in ihr Haus zurück.

Wenn es **regnet**, kommt sie wieder heraus.

Im Winter schließt sie sich in ihrem Haus ein und **schläft**.

Schnecken sind sehr **stark**.

Die Vögel der Felder

Die kleinen Vögel auf dem Land bauen ihre Nester gerne in Hecken. Hier finden sie leckere Beeren und Insekten, und ihre Eier sind gut geschützt. Andere Vögel nisten in großen Bäumen oder direkt auf der Erde.

Vogelnester

Wenn ein kleiner Vogel ein Nest bauen will, sammelt er fleißig trockene **Grashalme, Moos, Spinnweben, Tierhaare** ... Die größeren Vögel bauen ihre Nester aus Zweigen und **Reisern**.

Der **Rabe** ist ganz schwarz. Bei der **Krähe** ist der Schnabel hellgrau. Diese Vögel bauen ihre großen Nester hoch in den Baumwipfeln.

Die **Elster** hat ein schwarz-weißes Federkleid und einen langen Schwanz. Auch sie nistet in Bäumen.

Die **Lerche** nistet am Boden. Oft »steht« sie über dem Boden in der Luft und singt, um ihr Revier zu markieren.

Der **Fasan** und sein Weibchen, die **Henne**, spazieren oft zusammen umher. Das Gefieder des Männchens ist prächtig gefärbt. Das Weibchen ist braun gefleckt.

Auch die **Rebhühner** sieht man oft paarweise fliegen.

Die **Wachtel** ist rundlich und plump. Sie baut ihr Nest in Feldern und Wiesen.

Auf Feldern und Äckern

Viele der Pflanzen, die der Bauer anbaut, werden zu Nahrungsmitteln verarbeitet. Aus Weizen macht man Mehl, aus Sonnenblumen und Raps wird Öl hergestellt, aus Rüben Zucker.

Im Frühling sind die jungen Triebe des **Weizens** grün wie Gras.

Im Sommer, wenn der Weizen gewachsen ist, haben die **Ähren** eine schöne goldgelbe Farbe. Sie sind jetzt reif für die Ernte.

Die Ähren der **Gerste** haben lange »Haare« (**Grannen**). Gerste dient vor allem als Tierfutter, wird aber auch zum Bierbrauen verwendet.

Aus **Roggenmehl** wird ein dunkles Brot gebacken.

Der **Mais** dient vor allem als Futter für Hühner und andere Tiere.

Der **Hafer** ist das Lieblingsfutter der Pferde.

Die Blüte der **Sonnenblume** gleicht einer strahlenden Sonne. In der Mitte sitzen die **Samen**, aus denen Öl gewonnen wird.

Im Frühjahr kann man leuchtend gelbe Felder sehen: Der **Raps** blüht. Auch aus seinen Samen wird **Öl** gewonnen.

Aus den dicken Knollen der **Zuckerrübe** wird ein süßer Saft gepresst, aus dem man **Zucker** herstellt.

Tiere auf dem Bauernhof

Von den Tieren, die auf dem Bauernhof gezüchtet werden, bekommen wir Fleisch, Milch und Eier. Man nennt sie deshalb auch Nutztiere.

Damit sie Milch geben kann, muss die **Kuh** zuerst ein Kälbchen zur Welt gebracht haben. Kühe werden zweimal am Tag gemolken, morgens und abends.

Der **Stier** ist das männliche Rind.

Heutzutage lässt man die **Kälber** meist nicht bei ihrer Mutter trinken. Sie werden wegen ihres Fleisches gezüchtet und mit Trockenmilch gefüttert.

Ein **Ochse** ist ein kastrierter Stier, das heißt: Er kann keine Kälber mehr zeugen. Er wird nur wegen seines Fleisches gehalten.

Das **Hausschwein** ist meist rosarot und hat einen Ringelschwanz. Es liefert viele Fleischprodukte: Schinken, Würstchen, Schnitzel, Koteletts, Schmalz ... Eine **Sau** bringt zehn bis zwölf **Ferkel** auf einmal zur Welt. Das nennt man einen **Wurf**.

Eine Henne legt jeden Tag ein **Ei**.

Damit daraus Küken schlüpfen können, muss die Henne es drei Wochen lang **ausbrüten**.

Wenn das Küken schlüpft, zerbricht es die **Eischale** mit seinem Schnabel.

Hühner haben **keine Zähne**. Sie schlucken kleine Steinchen mit, die die Körner in ihrem Magen zermahlen.

Der **Hahn** ist das männliche Huhn.

Das **Perlhuhn** ist grau mit weißen Tupfen.

Das Männchen des **Truthuhns** wird auch **Puter** genannt.

Die **Gans** hat weiße oder graue Federn.

Januar
Februar
Juni
Mai
Juli
August
Dezember
Novembe

Auf dem Land im
Jahreslauf

Das Land und der Bauernhof verändern sich von Monat zu Monat. Schau dir das Bild an – findest du

- den Hasen?
- die Butterblume?
- den Klatschmohn?
- die Brombeeren?
- den Haselnussstrauch?
- die Rabenfeder?

Auch hier hat sich unser Maskottchen versteckt!

Das Leben
am und im

Wasser

Im Wasser und am Ufer von Bächen, Flüssen, Seen und Teichen leben ganz bestimmte Pflanzen und Tiere. Es gibt Arten, die an Land und im Wasser leben können, wie die Frösche, und andere, die nur im Wasser leben können, wie die Fische.

Mach einen Spaziergang am Ufer entlang und suche

- eine Seerose
- eine Libelle
- ein Entenküken
- einen Eisvogel.

Und vergiss nicht, die Rätselfrage des Anglers zu beantworten!

Ich bin grün, mein Maul ist breit, stets bin ich zum Sprung bereit. Wer bin ich?
Hast du erraten, welches Tier das Maskottchen der Welt am Wasser ist? Du kannst es auf jeder Doppelseite dieses Kapitels wiederfinden – viel Spaß beim Suchen!

Bäume und andere Pflanzen

Diese Pflanzen lieben die Feuchtigkeit. Ihre Wurzeln, die tief in den Boden eindringen, befestigen die Ufer von Flüssen und Seen.

Die **Silberweide** hat lange Blätter, die silbrig schimmern.

Die **Pappel** wird sehr hoch. Ihre Blätter zittern beim kleinsten Windstoß.

Die Früchte der **Erle** ähneln kleinen Tannenzapfen.

Die Früchte der **Esche** sind Trauben von Schoten.

Die Wurzeln des Baumes

Baumwurzeln reichen tief in die Erde und können so auch einen sehr hohen Baum aufrecht halten. Aber wenn der Boden zu nass ist, kann ein sehr starker Sturm einen Baum auch entwurzeln.

Das **Sumpf-Vergissmeinnicht** hat kleine blaue Blüten und einen gelben Schlund.

Die **Sumpf-Schwertlilie** gedeiht am besten mit den »Füßen« im Wasser.

Die Blätter der **Binse** sind hohl wie Strohhalme und sehr biegsam.

Es gibt das **Gemeine Schilf** und den **Rohrkolben** mit samtigen Blüten.

Die großen Blüten und Blätter der **See-rose** haben lange Stängel, die am Grund des Sees wurzeln.

Die **Wasserlinse** bedeckt die Wasser-oberfläche von Teichen und Tümpeln wie grünes Konfetti.

Insekten an Flüssen und Seen

An sonnigen Tagen legen die Insekten ihre Eier an den Flüssen, Seen und Teichen ab. Ihre Larven müssen sich mehrmals verwandeln, bis sie schließlich zu ausgewachsenen Mücken oder Libellen werden. Das nennt man Metamorphose.

Das Weibchen der **Stechmücke** legt seine Eier in Sümpfen und Seen ab. Dazu muss es sich vorher mit dem Blut von Menschen und Tieren stärken. Deshalb sticht es uns. Das Männchen dagegen sticht nicht, sondern saugt Nektar aus Blüten.

Der **Wasserläufer** kann über das Wasser gehen! An den Enden seiner Beine hat er feinste, wasserdichte Härchen, die verhindern, dass er einsinkt.

Die **Wasserspinne** kann unter Wasser leben: Mit ihren Körperhaaren fängt sie an der Wasseroberfläche Luftblasen ein, die sie unter ihrem Netz unter Wasser festhält.

Die **Großlibelle** hat riesige Augen. Mit ihren durchsichtigen Flügeln kann sie auf und ab, vorwärts und rückwärts fliegen wie ein Hubschrauber.

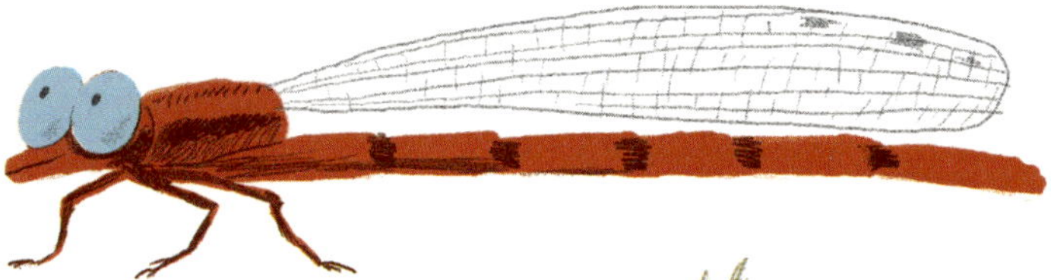

Die **Kleinlibelle** oder **Jungfer** ist viel kleiner. Ihr schlanker Leib kann in vielen Farben schillern. Wenn sie ruht, faltet sie die Flügel wie ein Schmetterling.

Die Metamorphose von der Larve zur Libelle

Im Frühling schlüpft die Libellenlarve aus dem Ei. Ein Jahr lang wächst sie heran. In dieser Zeit häutet sie sich ein **Dutzend Mal**. Jedes Mal wird sie ein Stückchen größer. Nach der letzten **Häutung** ist aus der Larve eine Libelle geworden.

Der Frosch

Der Frosch gehört zu den Amphibien: Er kann im Wasser und auch an Land leben. Sein Zuhause sind Teiche und Tümpel. Im Frühling legt das Weibchen seine Eier im Wasser ab. Daraus schlüpfen Kaulquappen, die zu Fröschen heranwachsen.

Der Frosch legt seine **Eier** im Wasser ab.

Daraus schlüpfen die **Kaulquappen**, die mithilfe ihres Schwanzes schwimmen können.

Nach ein bis zwei Monaten wachsen ihnen **Beine**, und der Schwanz bildet sich zurück. Aus den Kaulquappen sind **Frösche** geworden.

Mit seinen langen, muskulösen Beinen ist der Frosch ein Meister im **Weitsprung**.

Er lässt seine lange **Zunge** hervorschnellen, um seine Beute zu fangen: Fliegen und andere Insekten, Larven und kleine Fische.

Der kleine grüne **Laubfrosch** kann zur Tarnung auch die Farbe seiner Umgebung annehmen.

Die **Kröte** ist eine Verwandte des Frosches. Sie ist größer und plumper.

Damit Frösche und Kröten auf ihren Wanderungen nicht überfahren werden, baut man **Amphibientunnel** oder **-zäune**.

Der **Feuersalamander** geht nur ins Wasser, um seine Larven zur Welt zu bringen (er legt keine Eier).

Der **Teichmolch** lebt nur im Wasser. Sein Rücken ist drachenartig gezackt.

Süßwasserfische ❶

Der Körper der Fische ist für das Leben im Wasser geschaffen. Fische, die in Flüssen, Seen und Teichen leben, werden Süßwasserfische genannt.

Der Karpfen

Der Karpfen lebt in **stehenden und langsam fließenden Gewässern**. Er kann aus dem Wasser springen, wenn man ihm Brot zuwirft.

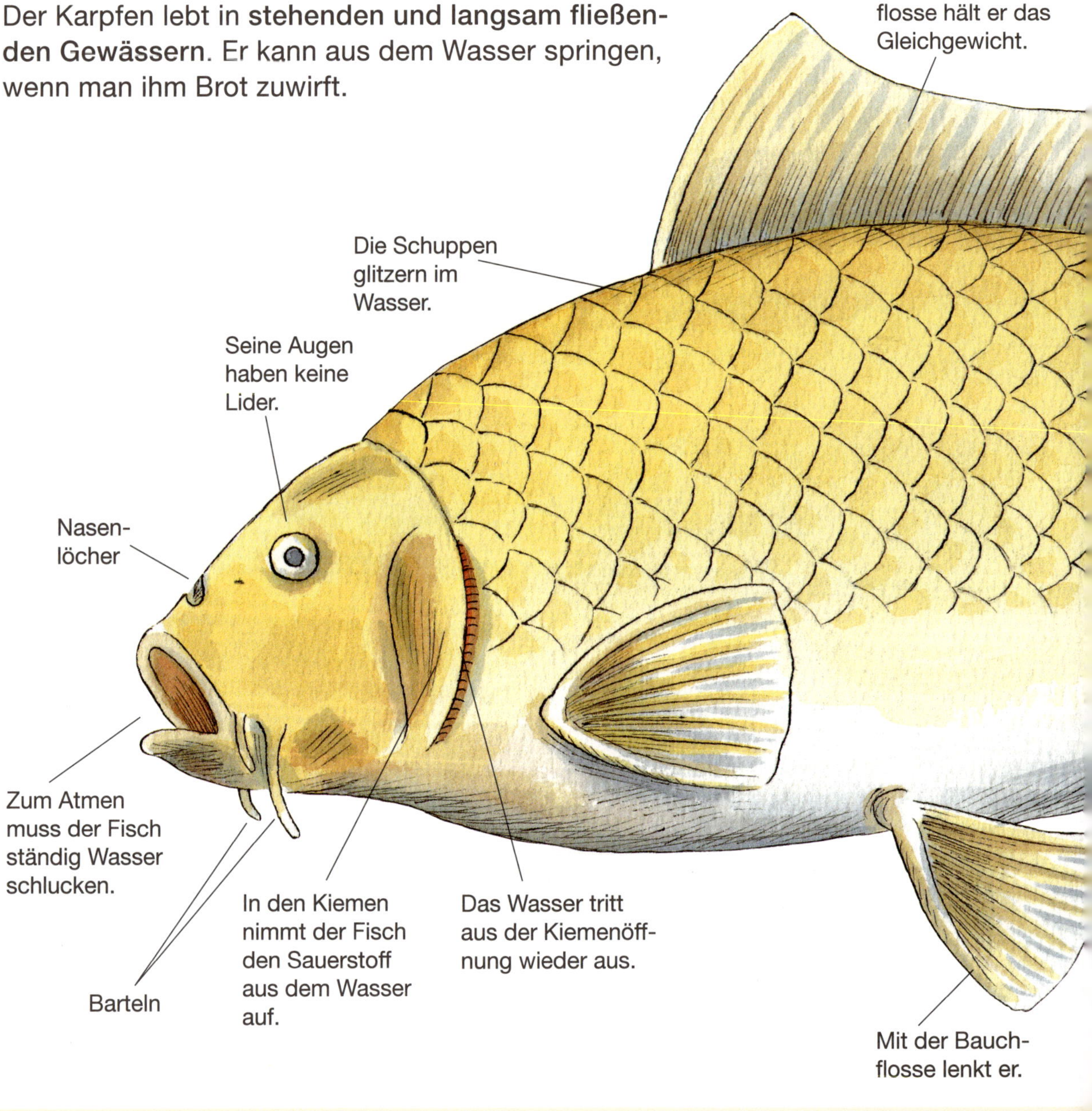

Ein Fisch kommt zur Welt

Das Weibchen legt **Millionen Eier (Laich)**. Das Männchen befruchtet sie mit seinem Samen (Rogen).

Die kleinen Fische, die aus den Eiern schlüpfen, nennt man **Larven**.

Die Larven haben als Nahrungsvorrat anfangs einen **Dottersack**.

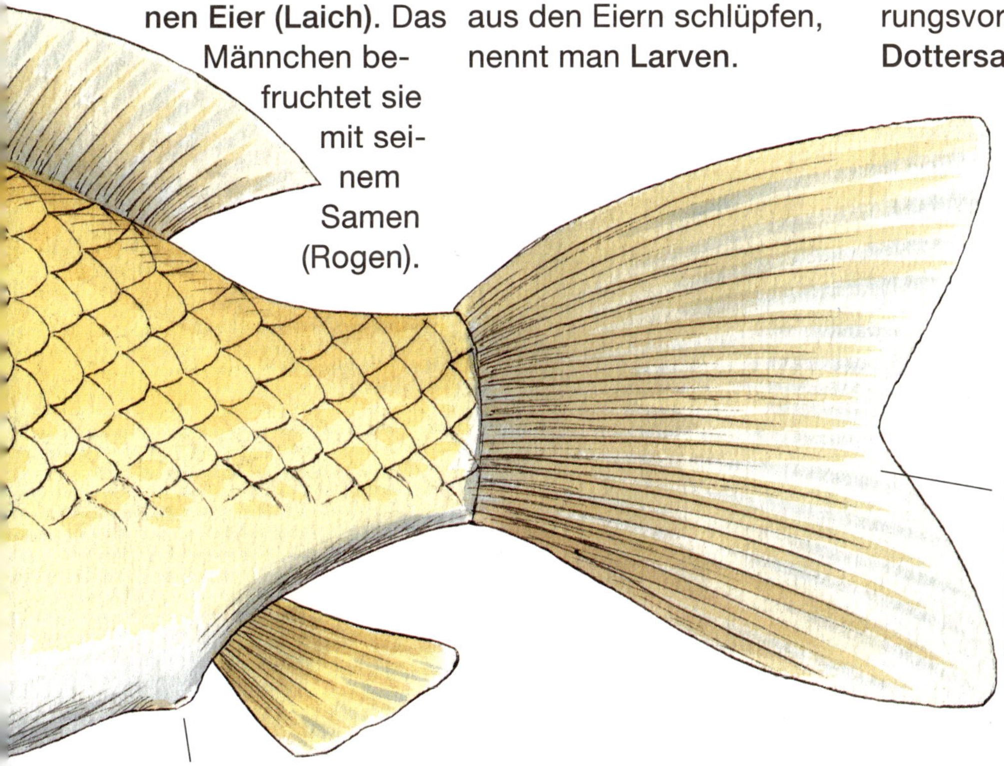

Der Karpfen sucht seine Nahrung mithilfe der **Barteln** im **Schlamm**.

Süßwasserfische ❷

Es gibt viele verschiedene Arten von Fischen, von sehr kleinen bis hin zu riesengroßen. Bestimmte Fischarten zeigen ein sehr erstaunliches Verhalten: Sie legen Tausende von Kilometern zurück, um ihre Eier abzulegen!

Der **Gründling** ist ein kleiner Fisch. Er bevorzugt schnell fließende Gewässer, lebt aber auch in klaren Seen mit sandigem oder kiesigem Boden. Er ist sehr anpassungsfähig.

Im Gegensatz zum Gründling ist der **Wels** sehr groß und lebt in trüben Gewässern. Seine langen **Barteln** helfen ihm bei der Nahrungssuche im Schlamm.

Der **Hecht** ist sehr gefräßig. Mit seinen spitzen Zähnen ist er so etwas wie der Hai des Süßwassers!

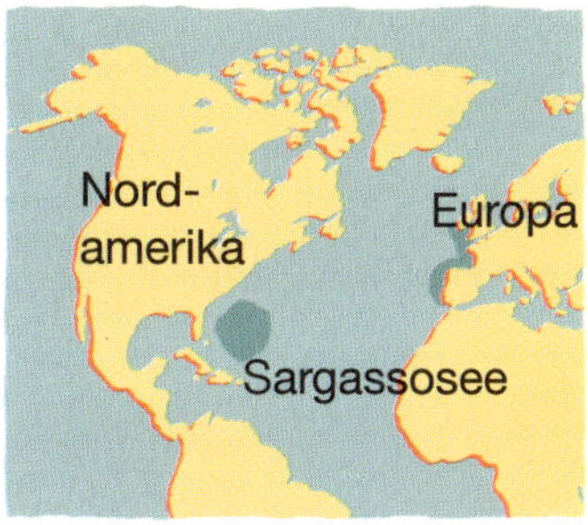

Wanderfische

Die **Aale** kommen in der **Sargassosee** zur Welt, wo die Eier in Algen abgelegt werden. Die Strömungen des Atlantischen Ozeans treiben die jungen Larven auf die europäische Küste zu. Dort leben die Aale dann in Flüssen.

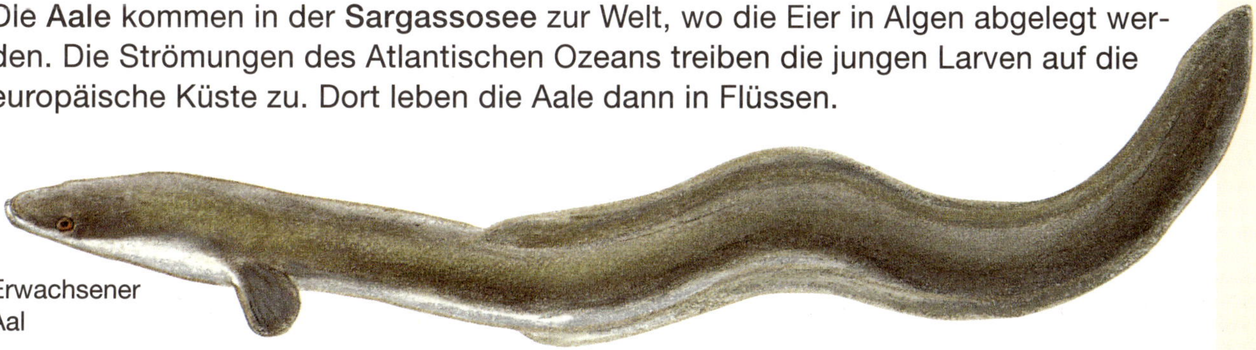

Wenn sie fünfzehn Jahre alt sind, schwimmen die Aale wieder flussabwärts zum Meer und durchqueren erneut den Ozean, um ihre Eier am **Ort ihrer Geburt** abzulegen. Dort sterben sie, erschöpft von ihrer langen Reise.

Beim **Lachs** ist es umgekehrt: Er kommt in einem Fluss zur Welt und verbringt dann sein Leben im Meer. Doch er kehrt zu dem Fluss zurück, wo er aus dem Ei geschlüpft ist, um zu **laichen** (= Eier zu legen)! Um dieses Ziel zu erreichen, überspringt er sogar Hindernisse wie z. B. Stromschnellen. Wenn sie zwei Jahre alt sind, schwimmen die jungen Lachse aufs Meer hinaus.

Vögel an Bach und Weiher

Wasservögel bauen ihre Nester im Schilf oder im Geäst der Uferbäume. Der Kleinste unter ihnen ist der Eisvogel, er hat auch die buntesten Federn. Der Größte hat ein graues Federkleid: der Graureiher.

Der **Eisvogel** hat leuchtend blaue und orangefarbene Federn.

Die **Bekassine** oder **Sumpfschnepfe** hat einen langen, spitzen Schnabel.

Der **Eisvogel** stößt blitzschnell ins Wasser hinab, um Fische zu erbeuten.

Das **Teichhuhn** baut sein Nest im Gras oder im Schilf. Die Jungen können sofort laufen, wenn sie aus dem Ei geschlüpft sind, denn sie müssen sich vor Fuchs und Marder in Sicherheit bringen.

Füße mit Schwimmhäuten oder ohne?

Der **Graureiher** hat große Füße, einen langen, schlanken Hals und einen langen Schnabel.

Der **Reiher** hat keine Schwimmhäute zwischen den Zehen, denn er muss nicht schwimmen, um an Beute zu gelangen. Er fährt seinen schlanken Hals aus und fängt die Fische mit seinem langen Schnabel. Die **Ente** dagegen muss gut schwimmen können, um ihre Nahrung zu erwischen. Deshalb hat sie Schwimmhäute.

Tauchenten wie die **Reiherente** tauchen nach Beute, **Schwimmenten** wie die **Spießente** lassen sich zum »**Gründeln**« einfach nur nach vorne ins Wasser kippen.

Zugvögel

Manche Vögel gehen auf sehr lange Reisen: Das sind die Zugvögel. Weil sie im Winter in den nördlichen Regionen keine Nahrung finden, ziehen sie nach Süden, wo es wärmer ist – einige sogar bis nach Afrika!

Im Formationsflug

Um auf ihren weiten Reisen Kraft zu sparen, fliegen die Zugvögel in V-Formation: Der Vogel an der Spitze führt die anderen und schützt sie vor dem Wind. Wenn er müde wird, löst ihn ein anderer ab.

Die Hausente stammt von der wilden **Stockente** ab. Mit ihr hat sie noch das Federkleid gemeinsam, doch den Wandertrieb hat sie verloren. Beim Männchen (**Erpel**) sind Kopf und Hals leuchtend grün; das Weibchen ist braun gefleckt.

Die **Krickente** gehört zu den Wildenten. Auf ihren langen Flügen machen die Vögel ab und zu Rast an einem See.

Der **Kranich** braucht nur zwei oder drei Schritte Anlauf, bevor er abhebt. Im Flug hält er den langen Hals und die Beine gerade ausgestreckt.

Wildgans
oder
Graugans

Hausgans

Die **Wildgans** fliegt im Jahr mehrere tausend Kilometer. Die **Hausgans** ist zu schwer zum Fliegen.

Der **Weißstorch** baut sein Nest auf Giebeln und Schornsteinen. Im Herbst fliegt er nach Afrika. Er kann die Flügelfedern zum Gleitflug wie Finger spreizen.

Am Flussufer

Diese Tiere leben am Ufer, an der Grenze zwischen Wasser und Land. Dort graben sie sich Höhlen oder bauen Nester aus Schilf.

Die **Bisamratte** baut sich im Schilf ein Nest aus Zweigen. Der Eingang liegt unter Wasser!

Der **Sumpfbiber** oder die **Nutria** gräbt sich Gänge in Uferböschungen. Die Nutria frisst gerne Getreide, Mais und Zuckerrüben und kann auf den Feldern großen Schaden anrichten.

Der **Fischotter** ist sehr selten geworden, denn er braucht sauberes und klares Wasser. Er ist ein ausgezeichneter Schwimmer. Er hat **Schwimmhäute** zwischen den Zehen, und sein dichtes, glattes Fell stößt das Wasser ab. Fischotter ernähren sich von Fröschen und Fischen.

Der **Biber** hat ein schönes Fell und einen platten Schwanz. Er baut sein Nest (die **Biberburg**) aus Zweigen und Erde. Um es zu schützen, baut er einen **Damm** im Fluss. Mit seinen großen, scharfen Nagezähnen kann er sogar Bäume fällen.

Januar
Februar
Juni
Mai
Juli
August
Dezember
November

Fluss und See im Jahreslauf

Die Uferlandschaft verändert sich von Monat zu Monat. Schau dir das Bild an – findest du

- den Hecht?
- eine Kaulquappe?
- eine Sumpflilie?
- das Schilfrohr?
- den Reiher?
- die Nutria?

Auch hier hat sich unser Maskottchen versteckt!

Das Leben im

Wald

Der Wald ist das Reich der großen Bäume und des dichten Buschwerks, der Pilze und der wilden Beeren. Viele Tiere finden im Wald Schutz: Die Vögel verbergen sich in den Bäumen, die kleinen Tiere im Laub am Waldboden, die Hirsche und Wildschweine im Unterholz.

Mach einen Spaziergang durch den Wald und suche

- Walderdbeeren
- eine Ameise
- einen Fliegenpilz
- einen Grünspecht.

Und vergiss nicht, die Rätselfrage des Försters zu beantworten!

Hast du erraten, welches Tier das Maskottchen des Waldes ist? Du kannst es auf jeder Doppelseite dieses Kapitels wiederfinden – viel Spaß beim Suchen!

Die Bäume des Waldes

Jeder Baum ist ein lebendiges Wesen. Er nimmt Nahrung auf, atmet und wächst. Im Laufe des Jahres verändert er sich – im Herbst verliert er seine Blätter, im Frühling sprießen sie aufs Neue.

Der Baum ernährt sich

Ein Baum atmet über seine Blätter; über die Wurzeln nimmt er Nahrung auf. Diese ziehen das Wasser aus dem Boden und verwandeln es in Saft, der den ganzen Baum ernährt.

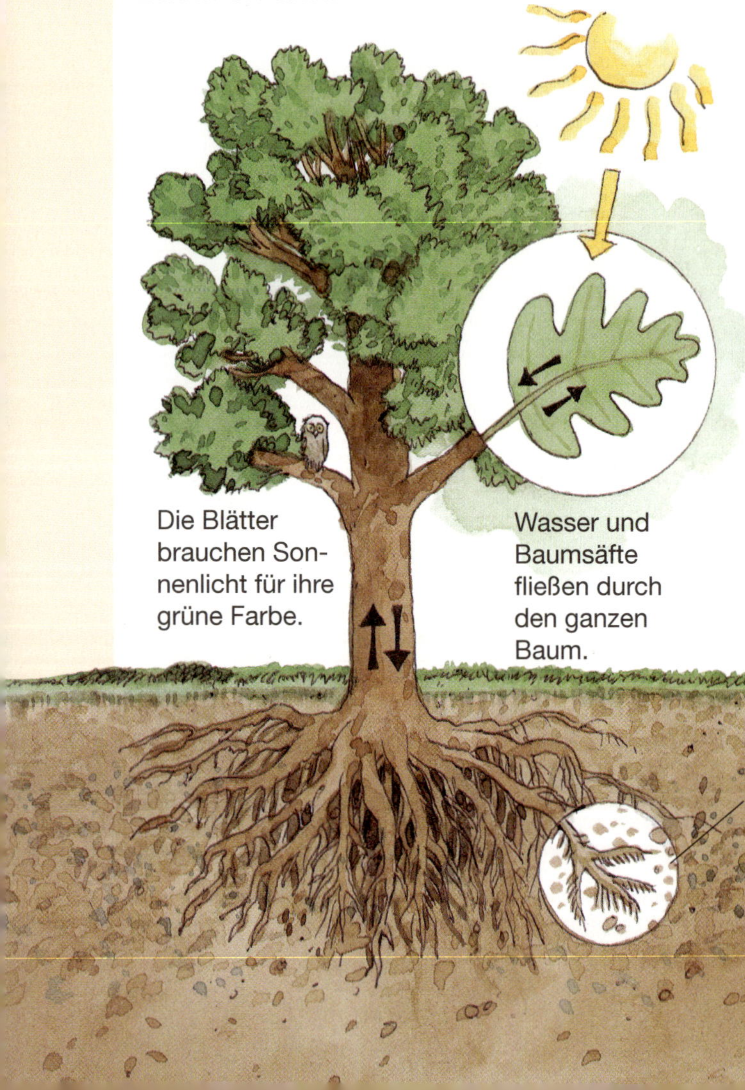

Der Baum wächst

Wenn es kalt wird, fließt der Saft in den Bäumen langsamer. Die Blätter fallen. Im Frühling strömt der Saft wieder, neue Blätter sprießen. Der Baum wächst, sein Stamm wird dicker.

An einem gefällten Baum kann man sein **Alter** ablesen: Jeder Ring entspricht einem Jahr. Der jüngste **Jahresring** liegt direkt unter der Borke.

Die **Eiche** ist der eindrucksvollste Baum des Waldes. Sie kann über 1000 Jahre alt werden! Ihre Früchte, die **Eicheln**, dienen vielen Tieren als Nahrung.

Die **Buche** hat eine glatte Rinde und Blätter mit glattem Rand. Ihre Früchte nennt man **Bucheckern**.

Die Borke der **Birke** ist schwarz-weiß, die äußerste Schicht ist weich und dünn.

Die **Hainbuche** hat Blätter mit sehr kräftigen, regelmäßigen Adern und fein gezackten Rändern.

Die schmackhaften Früchte der **Esskastanie** sind durch eine stachlige Hülle geschützt.

Forst, Waldrand und Lichtungen

Wald ist nicht gleich Wald. Es gibt Wälder mit verschiedenen Arten von Bäumen und andere, die nur aus einer Art bestehen. In manchen Wäldern kann man gut spazieren gehen, in anderen ist das Unterholz dicht und undurchdringlich.

Laubwälder können z. B. überwiegend aus Eichen ...

... oder, in südlicheren Ländern, aus Kastanien bestehen.

In **Nadelwäldern** findet man Fichten, Kiefern oder Tannen.

In einem **Forst** oder in einer **Plantage** werden die Bäume in Reihen angepflanzt, damit man sie leichter fällen kann.

Eine Stelle im Wald, an der keine Bäume wachsen, nennt man **Lichtung**.

Am Waldrand

Die giftige **Robinie**, die in Frankreich und Italien häufiger ist als bei uns, hat kräftige Dornen.

Die **Wildkirsche** ist mit unserer Gartenkirsche verwandt. Ihre kleinen Früchte schmecken sehr sauer.

Die orangefarbenen Früchte der **Eberesche** oder **Vogelbeere** werden gern von Vögeln gefressen.

Der **Brombeerstrauch** erobert schnell das Unterholz: Wenn seine Ruten den Boden berühren, bilden sie Wurzeln aus.

Pflanzen, die auf Bäumen leben

Die **Stechpalme** hat glänzende Blätter mit stachligem Rand. Ihre hübschen roten Früchte, die im Winter reif werden, sind giftig.

Der **Efeu** klettert mithilfe seiner kleinen Haftwurzeln an Baumstämmen hoch.

Die **Mistel** ernährt sich vom Saft der Bäume, auf deren Ästen sie wächst.

Pflanzen im Unterholz

Blumen und Kräuter, die im Wald wachsen, lieben es feucht und schattig. Manche von ihnen sind giftig und viele stehen unter Naturschutz. Das heißt: Sie dürfen nicht gepflückt werden.

Die **Träubelhyazinthe** hat blaue Glöckchen.

Die Blüten des **Immergrüns** sind hellviolett.

Auch die Blüten des kleinen **Veilchens** sind violett.

Der **Märzenbecher** gleicht dem Schneeglöckchen.

Das **Buschwindröschen** hat meist weiße Blüten.

Die **Sternmiere** hat sternförmige weiße Blüten.

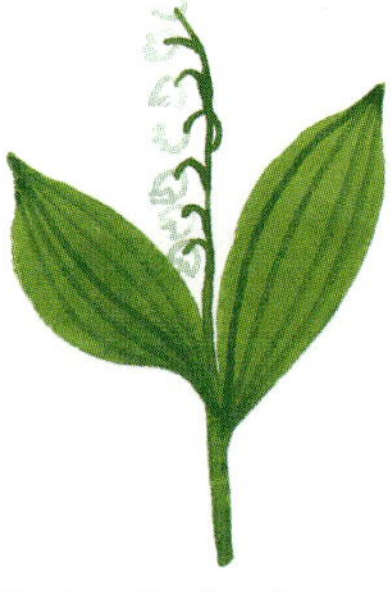

Das **Maiglöckchen** riecht gut, aber ist sehr giftig.

Der giftige **Aronstab** hat knallrote Beeren.

Die Blüten des **Salomonssiegels** sind Glöckchen.

Dort, wo es sehr feucht ist, gedeiht das Moos am besten.
Abgestorbene Blätter werden in Erde (Humus) umgewandelt.
Die Walderdbeere hat winzige, aber sehr aromatische Früchte.
Die Blätter des Farns sind groß und tief eingeschnitten (Farnwedel).

Pilze

Pilze sind ganz besondere Pflanzen: Sie sind nicht grün und sie haben keine Blüten oder Samen. Manche von ihnen sind tödlich giftig. Deshalb darf man nie einen Pilz pflücken, den man nicht sicher kennt!

Es ist wichtig, dass man einen **jungen** von einem **alten** Pilz unterscheiden kann. Hier sieht man, wie sich der hochgiftige **Grüne Knollenblätterpilz** entwickelt.

Giftige Pilze

Wenn man giftige Pilze isst, kann man sehr **krank** werden – manche wirken sogar **tödlich**.

Grüner **Knollenblätterpilz**: tödlich giftig

Orangefuchsiger Raukopf: tödlich giftig

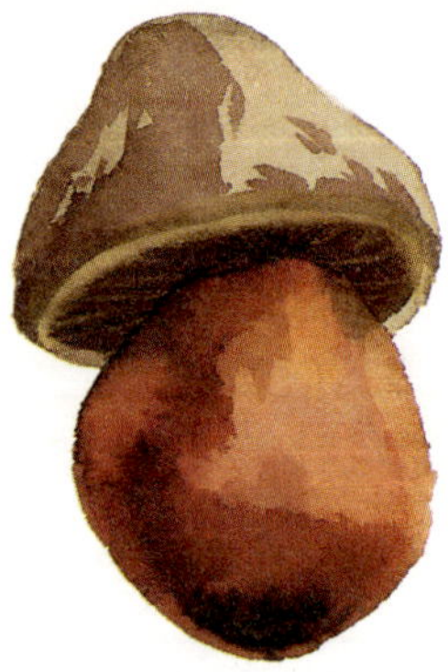

Satanspilz: giftig

Fliegenpilz: giftig

Essbare Pilze

Der **Steinpilz** hat einen keulenförmigen Fuß. Unter dem Hut hat er feine **Röhren**.

Der Hut des **Pfifferlings** ist hohl und hat an der Unterseite **Lamellen**.

Der **Semmelstoppelpilz** hat einen dicken Fuß und einen blassgelben Hut mit kleinen Stoppeln an der Unterseite.

Die **Totentrompete** hat einen abschreckenden Namen, ist aber essbar.

Kuriose Pilze

Viele Waldpilze sind sonderbar geformt. Auch wenn sie **toll aussehen**, sind sie **nicht essbar**.

Der **Orangerote Becherling** ist geformt wie eine Schale.

Der **Grünblättrige Schwefelkopf** wächst in Gruppen.

Der **Hahnenkamm** sieht aus wie ein Blumenkohl.

Der **Schmetterlingsporling** hat keinen Fuß und wächst auf Holz.

Kleine Waldtiere

Insekten und andere Kleintiere sind sehr nützlich für das Leben im Wald: Manche belüften den Boden und machen ihn fruchtbar, andere verbreiten Pflanzensamen. Aber manche sind auch Parasiten – das heißt: Sie leben auf Kosten anderer Pflanzen oder Tiere.

Anders als die Weinbergschnecke hat die **Nacktschnecke** kein Haus. Aber auch sie liebt es feucht.

Der große Oberkiefer des **Hirschkäfers** erinnert an ein Geweih. Obwohl er plump wirkt, kann er fliegen.

Die **Zecke** beißt sich in der Haut von Menschen und Säugetieren fest und saugt ihr Blut. Sie kann schwere Krankheiten übertragen.

Die **Stabheuschrecke** ist in wärmeren Ländern zu Hause und sieht aus wie ein toter Zweig: Mit dieser Tarnung wird sie nicht so leicht zur Beute von Vögeln.

Ameisen leben als große Gruppe (**Staat**) in einem Ameisenhaufen. Es gibt eine oder mehrere **Königinnen** und zahlreiche **Arbeiterinnen**.

Diejenigen Arbeiterinnen, die den Ameisenhaufen gegen Feinde verteidigen, sind bei manchen Arten größer und kräftiger als die anderen Ameisen und werden dann auch Soldaten genannt.

Ein Ameisenhaufen ist ein großer Hügel aus Erde und Pflanzenmaterial. In seinem Inneren gibt es viele Gänge und eine Kammer für die Königin. Sie ist die Einzige, die Eier legt. Die Arbeiterinnen füttern sie, bewachen ihre Eier und ziehen die Larven groß. In jedem Ameisenstaat gibt es Tausende von Arbeiterinnen. Sie haben keine Flügel. Sie sammeln Pflanzensamen und bringen sie in den Ameisenhaufen. Ameisen »melken« auch gerne den zuckerhaltigen Körpersaft von Blattläusen, den diese ausscheiden, wenn sie an den Pflanzen saugen.

Die Vögel des Waldes

Im Frühling, noch bevor die Bäume grün werden, fliegen schon die Vögel eifrig von Baum zu Baum und wir hören ihre Gesänge. Sie sind jetzt mit dem Nestbau beschäftigt.

Der **Eichelhäher** hat schillernde blaue Federn an den Flügelrändern.

Die **Nachtigall** ist unscheinbar und selten zu sehen. Aber ihren melodiösen Gesang kann man Tag und Nacht hören.

Der **Kuckuck** hat seinen Namen von seinem Ruf. Er legt seine großen Eier in die Nester anderer Vögel, die dann seine Jungen für ihn großziehen.

Der **Buntspecht** ist schwarz, weiß und rot gefiedert.

Das Klopfen des **Grünspechts**, der sein Nest in Baumstämme baut, ist im ganzen Wald zu hören.

Ein Nest für die kleinen Vögelchen

Es ist **Frühling**. Der Vogel baut sein **Nest**. Fleißig trägt er Zweige, Grashalme und Moos zusammen.

Das Weibchen legt seine **Eier** in das fertige Nest. Oft haben die Eier die gleiche Farbe wie das Nest. So sind sie gut getarnt.

Das Weibchen sitzt viele Tage im Nest auf den Eiern und hält sie warm. Das nennt man **brüten**.

Die frisch geschlüpften Küken sind nackt und sehr hungrig. Ihre Eltern füttern sie fleißig mit **Insekten**.

Die Vogeljungen sind herangewachsen und haben ein Federkleid bekommen. Bald lernen sie **fliegen**.

Noch stellen sie sich ungeschickt an. Aber nach einiger Zeit können sie das **Nest verlassen**.

Kauz, Uhu und andere Eulen

Eulen sind Nachtvögel. Sie jagen Mäuse und andere Kleintiere, die sie mit ihren kräftigen Klauen und ihrem gebogenen Schnabel ergreifen. Für die Jagd in der Dunkelheit haben sie sehr scharfe Augen.

Der Waldkauz

Der **Ruf** des Waldkauzes ist ein lang gezogenes »Huhuhu«.

Der Waldkauz würgt die Haare und Knochen seiner Beutetiere in einem Knäuel wieder hervor. Dies nennt man **Gewölle**.

Die **jungen Käuzchen** verlassen mit vier Monaten das Nest.

Käuze sind **viel kleiner** als andere Eulen.

Die **Zwergohreule** hat gelbe Augen. Ihr Ruf ist »diu«.

Die **Waldohreule** hat orange Augen. Ihr Ruf ist »u-u-u«.

Der **Uhu** hat orangerote Augen und ruft: »uhu«.

Die **Schleiereule** hat helles Gefieder und eine herzförmige »Maske«. Ihr Ruf klingt eher wie ein Schnarchen.

Der **Steinkauz** ist sehr klein. Er hat einen »mürrischen« Gesichtsausdruck und gelbe Augen. Sein Ruf: »kwiu«.

Wie kann man die Käuze von den anderen Eulen unterscheiden?

Viele Eulenarten haben zwei Federbüschel auf dem Kopf, die wie Ohren aussehen ...

... **Käuze** jedoch niemals.

Säugetiere des Waldes

Die Tiere des Waldes sind sehr scheu. Es ist nicht leicht, sie zu beobachten, weil sie meist nur in der Dämmerung aus ihren Verstecken kommen.

Der Rothirsch lebt vor allem in Wäldern mit hohen **Bäumen**. Das Reh ist kleiner, es kann sich seinen Weg durch **Unterholz** und **Dickicht** bahnen.

Der **Rothirsch** ist groß und kräftig. Seine Hörner werden Geweih genannt.

Der **Rehbock** ist sehr viel kleiner. Auch er hat ein Geweih oder Gehörn.

Das Weibchen des Rothirsches heißt **Hirschkuh**. Sie hat kein Geweih.

Das Rehweibchen heißt **Ricke**.

Die Jungtiere, **Hirschkalb** und **Rehkitz**, haben ein weiß geflecktes Fell.

Die Hirschmännchen werfen jedes Jahr im Frühjahr ihr Geweih ab, die Rehböcke tun dies im Herbst. Es wächst jedes Jahr nach.

Das **Eichhörnchen** hüpft behände von Ast zu Ast. Für den Winter legt es Verstecke von Nüssen und anderen Samen an – die es aber nicht immer alle wiederfindet.

Der **Fuchs** hat ein prächtiges rotes Fell und einen buschigen Schwanz mit weißer Spitze.

Der **Dachs** gräbt sich mit seinen kräftigen Pfoten einen Bau mit vielen Gängen und Kammern und mehreren Ausgängen.

Der **Marder** gilt als Schädling und wird deshalb leider viel bejagt.

Das **Wildschwein** wird wegen seines dunklen Fells auch »Schwarzkittel« genannt. Lange, gebogene, hervorstehende Zähne, die **Hauer**, dienen seiner Verteidigung. Es frisst Wurzeln, Eicheln und Kastanien. Das Weibchen heißt **Wildsau**, die Jungen **Frischlinge**. Ihr Fell ist gestreift, damit sie auf dem Waldboden getarnt sind.

Januar
Februar
Juni
Mai
Juli
August
Dezember
November

Der Wald im

Jahreslauf

Der Wald verändert sich von Monat zu Monat. Schau dir das Bild an – findest du

- ein Veilchen?
- das Eichhörnchen?
- den Farn?
- einen Frischling?
- eine Esskastanie?
- die Stechpalme?

Auch hier hat sich unser Maskottchen versteckt!

Das Leben an der

Küste

An der Meeresküste gibt es Sand- und Kiesstrände, Klippen und Felsen. Hier findet man ganz besondere Lebewesen: Fische, Muscheln und Krebse, außerdem Vögel, die sich von diesen ernähren.

Mach einen Spaziergang über den Strand und suche:

- eine Möwenfeder
- eine Möwe
- eine Jakobsmuschel
- einen Kiefernzapfen.

Und vergiss nicht, die Rätselfrage des Fischers zu beantworten!

Hast du erraten, welches Tier das Maskottchen der Meeresküste ist? Du kannst es auf jeder Doppelseite dieses Kapitels wiederfinden – viel Spaß beim Suchen!

Am Strand

Am Strand findet man Sand, Kieselsteine und oft auch Felsen. Der Meeresspiegel fällt und steigt zwei Mal am Tag. Das nennt man Ebbe und Flut (= die Gezeiten). Der Strand sieht bei Ebbe ganz anders aus als bei Flut.

Der **Sand** besteht aus ganz fein zermahlenen Steinen und Muschelschalen.

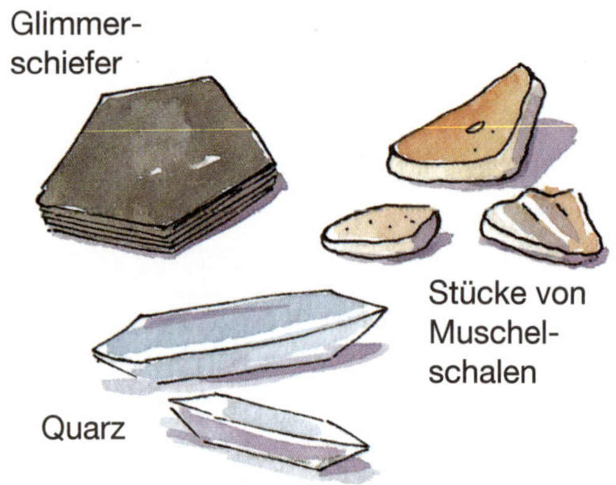

Kieselsteine sind Steine, die vom Wasser viele Jahre lang glatt geschliffen wurden.

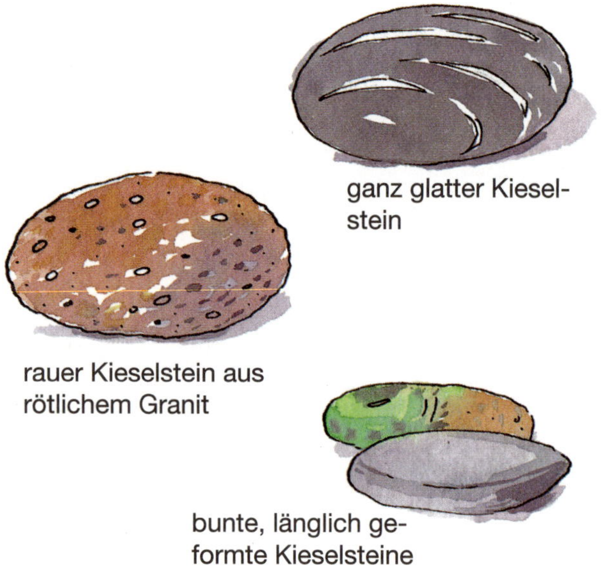

Bei **Flut** ist fast nichts mehr vom Strand zu sehen. Das Meer bedeckt den ganzen Sand.

Bei **Ebbe**, wenn das Meer sich zurückzieht, kann man Muscheln sammeln und in Wasserlöchern Fische fangen.

Überleben bei Ebbe

1. Die Furchen, die man im Sand sieht, heißen **Rippelmarken** und sind vom Wasser geformt.
2. Die kleinen Sandhäufchen stammen vom **Wattwurm**. Er gräbt sich im Sand ein und wartet auf die Flut.
3. Die **Muscheln** klappen ihre Schalen zu und schließen Wasser mit ein, sodass sie bis zur nächsten Flut überleben können.
4. Auch die **Venusmuschel** bohrt sich in den Sand und atmet durch Luftröhren, die sie an die Oberfläche schiebt.

Schätze und Schrott

Die Gezeiten spülen vieles an den Strand: **Muscheln, Holzstücke**, geschliffene **Glasscherben, Vogelfedern, Algen, Tintenfisch-Schulpe** (siehe auch Seite 97) – aber leider auch jede Menge Müll, der achtlos weggeworfen wurde.

Muscheln, Schnecken und Algen

Muscheln und Schnecken sind Weichtiere: Sie haben einen weichen Körper und brauchen deshalb eine harte Schale als Schutz. Außen ist die Muschelschale oder das Schneckenhaus rau, auf der Innenseite jedoch glatt und glänzend.

Man nennt die Muscheln und Schnecken auch Schalentiere. Manche habe eine **einteilige** Schale, wie z. B. die Meeresschnecken, und es gibt andere mit **zweiteiliger** Schale, wie die Muscheln.

Die **Strandschnecke** hat ein spiralförmiges Haus wie die Weinbergschnecke.

Die **Venusmuschel** hat zwei Schalen, die sie auf- und zuklappen kann.

Die häufigsten Muscheln am Strand

Schwertmuschel

Herzmuschel

Jakobsmuschel

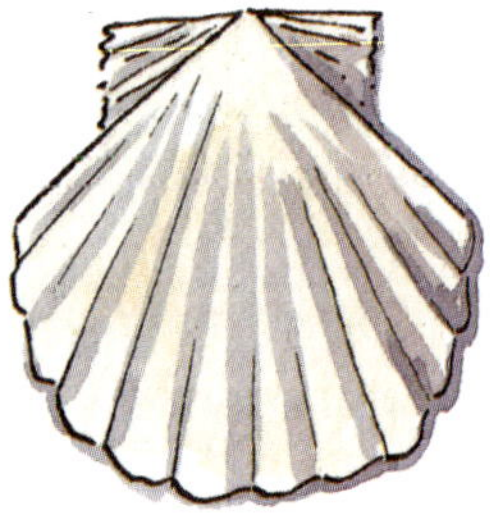

Kammmuschel

Die Herzmuschel kann sich mit einem Fuß, den sie aus der Schale streckt, **im Sand fortbewegen.**

Algen

Algen gibt es in vielen Formen und Farben:
grün wie Salat,
lang wie Schnüre,
fein wie Haare.
Sie klammern sich mit einer Art »Fuß« am felsigen Untergrund vor der Küste fest, damit die Strömung sie nicht davonträgt.

1. Der **Meersalat** ist grün und durchscheinend.
2. Der **Blasentang** hat kleine, luftgefüllte Blasen. Sie platzen, wenn man darauf drückt.
3. Der **Bändertang** ist eine braune Alge in der Form sehr langer Bänder.
4. Auf der Oberfläche des **Zuckertangs** bildet sich beim Trocknen weißer Puder.

Am Felsstrand

Wenn das Wasser sich bei Ebbe zurückzieht, bleiben in den Vertiefungen kleine Pfützen zurück, die Gezeitentümpel. Hier kann man Garnelen und manchmal auch Seesterne oder Einsiedlerkrebse finden.

Auster

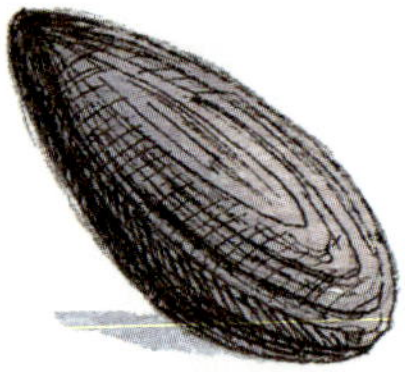

Miesmuschel

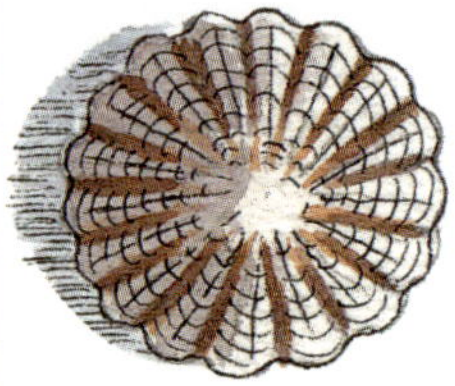

Napfschnecke

Seepocke
(eine Krebsart)

Viele Schalentiere **sitzen** auf dem Felsen **fest** und können sich nicht fortbewegen. So können sie auch von starken Wellen nicht **fortgerissen werden**.

Miesmuscheln werden an Holzpfählen im flachen Wasser gezüchtet.

Austern züchtet man in Käfigen in so genannten **Austernfarmen**.

Mit seinen fünf kräftigen Armen kann der **Seestern** Muscheln aufstemmen, um an ihr Fleisch zu gelangen.

Die **See-Anemone** sieht aus wie eine Blume, ist aber in Wirklichkeit ein Tier. An ihren klebrigen und leicht giftigen Tentakeln bleiben kleine Fische hängen.

Dem **Einsiedlerkrebs** fehlt am Unterleib der Panzer. Um sich zu schützen, schlüpft er in ein leeres Schneckenhaus. Wenn es zu eng wird, zieht er um.

Krebse und Krabben

Krebse leben im Wasser. Sie haben einen dicken und harten Panzer, zwei kräftige Scheren und vier Paar Beine, mit denen sie »im Krebsgang«, das heißt seitwärts, laufen können.

Der Taschenkrebs oder Knieper

Der **Taschenkrebs** ist ein großer rotbrauner Krebs. Man nennt ihn auch Knieper.

Mit seinen »**Stielaugen**« beobachtet er aus seinem Versteck die Umgebung.

Wenn er ein Bein verliert, ist er mit den übrigen immer noch sehr flink.

Er ernährt sich von toten Fischen und Muscheln.

Wenn er angegriffen wird, richtet er sich auf und droht mit den **Scheren**.

Bei Gefahr gräbt er sich rasch rückwärts in den Sand ein.

Andere Krebsarten

Die **Wollkrabbe** ist ein kleiner behaarter Krebs mit roten Augen.

Die **Seespinne** hat lange Beine und einen **stachligen Panzer**.

Ein neuer Panzer

Wenn der Krebs wächst, muss er seinen **Panzer erneuern**. Das nennt man **Häutung.** Der Panzer reißt auf und darunter kommt ein größerer zum Vorschein. Dieser ist am Anfang noch ganz **weich**. In dieser Zeit muss der Krebs sich vor Feinden verstecken.

Hummer und Garnelen

Hummer und Garnelen haben einen beweglichen Panzer. Sie können schnell schwimmen, indem sie mit ihrem kräftigen Schwanz rudern oder schlagen.

Der **Hummer** ist blau und hat riesige Scheren.

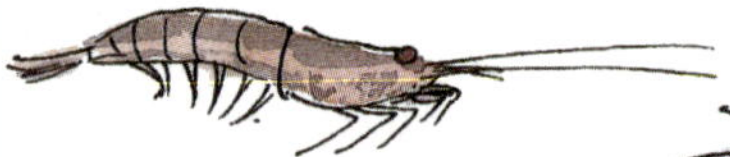

Graue Garnele

Rosa Garnele

Die **Langustine** ist klein, hat aber lange Scheren.

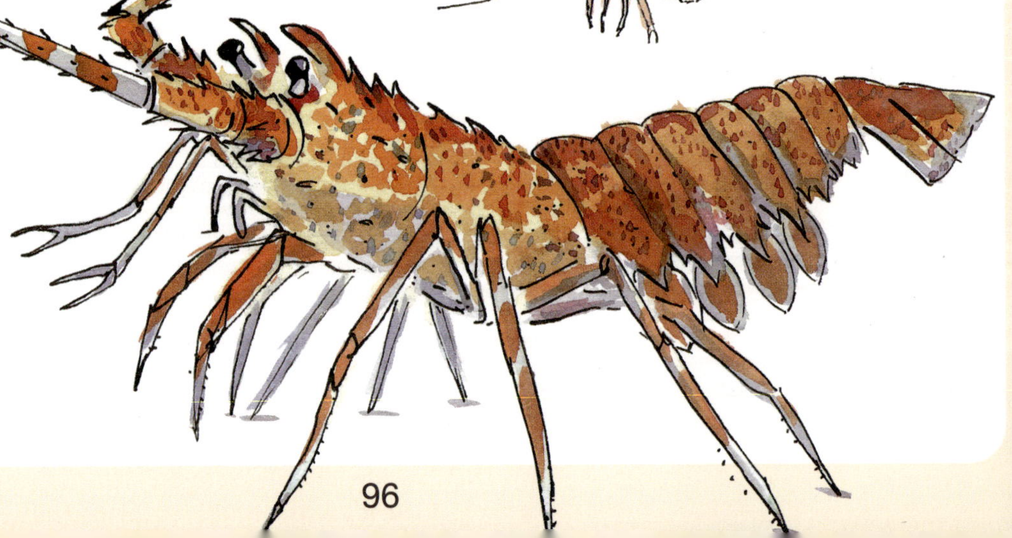

Die **Languste** hat anstelle von Scheren sehr lange Antennen, mit denen sie sich orientiert.

Krake, Tintenfisch und Kalmar

Tintenfisch, Kalmar und Krake haben keinen Panzer. Sie schwimmen, indem sie Wasser ausstoßen. Sie heißen Kopffüßer, weil ihre Fangarme direkt unter dem Kopf sitzen.

Der **Krake** hat acht lange Fangarme mit zwei Reihen von Saugnäpfen. Damit kann er seine Beutetiere festhalten, um sie dann totzubeißen.

Der **Tintenfisch** passt seine Farbe der Umgebung an. Bei Gefahr stößt er einen Schwall »Tinte« aus. Er hat er einen großen Knochen, den Schulp (siehe Seite 89).

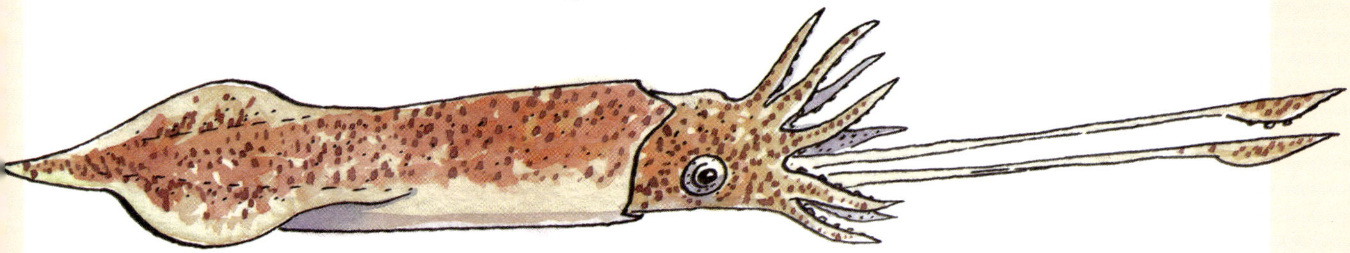

Der **Kalmar** schwimmt rückwärts – und das sehr schnell. Er hat acht Arme und zwei lange Tentakel mit Saugnäpfen. Er jagt Fische und Krustentiere.

Die Fische des Meeres

Als Schutz vor Feinden nehmen viele Fische die Farbe von Sand, Felsen oder Lichtflecken an der Wasseroberfläche an. Manche von ihnen leben in großen Gruppen. Ein solcher Schwarm kann aus Tausenden von Tieren bestehen.

Die **Sardine** ist ein kleiner Fisch mit blauem Rücken und silbrig glänzendem Bauch.

Die **Meerbarbe** hat zwei Barteln an der Unterseite des Mauls.

Der Rücken der **Makrele** ist gestreift.

Der **Hering** ist blau-grün, nur sein Bauch ist silbrig.

Die **Scholle** ist ganz flach. Beide Augen sitzen auf derselben Seite des Kopfes. Sie lebt am Meeresboden.

Der **Thunfisch** kann mit seinem torpedoförmigen Körper sehr schnell schwimmen.

Der **Meeraal** ist sehr gefräßig. Er lebt in Felsnischen.

Der **Rochen** hat große, flache Flossen, die mit dem Kopf verwachsen sind.

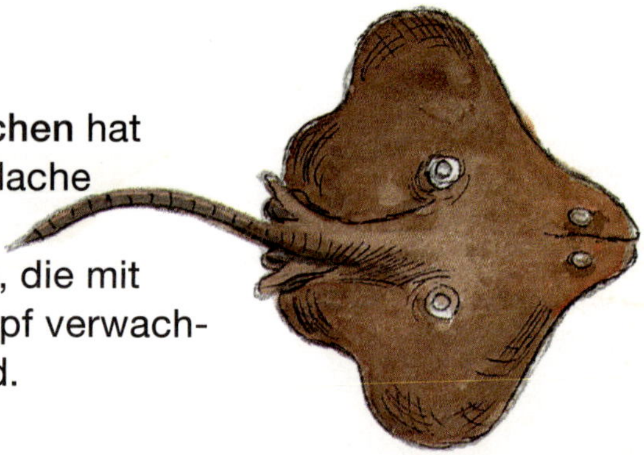

Das Seepferdchen: ein kurioser Fisch!

Das **Seepferdchen** ist kein Fisch wie alle anderen. Es schwimmt aufrecht im Wasser. Es hält sich mit dem Schwanz an Wasserpflanzen fest und – unglaublich, aber wahr – der Vater bringt die Jungen zur Welt!

Der Kopf mit der langen Schnauze erinnert an ein Pferd, daher der Name »Seepferdchen«.

Mit seiner kleinen Rückenflosse kann es sich senkrecht im Wasser halten.

Wie kommen die kleinen Seepferdchen zur Welt?

Das **Weibchen** legt seine Eier in einer **Tasche** am Bauch des **Männchens** ab. Nachdem sie geschlüpft sind, werden die Jungen eins nach dem anderen aus der Tasche gedrückt.

Meeresvögel

Sie gleiten über den Wogen dahin und stürzen sich ins Wasser, um Fische zu fangen. Ihr Geschrei mischt sich mit dem Rauschen der Wellen. Viele von ihnen haben ein weißes Gefieder, nur der Kormoran ist fast ganz schwarz.

Die **Lachmöwe** hat ihren Namen von ihrem Schrei, der wie Gelächter klingt.

Die **Silbermöwe** hat einen großen Schnabel und lange Flügel.

Die **Seeschwalbe** ähnelt der Lachmöwe, hat aber eine schwarze »Haube« auf dem Kopf.

Der **Papageientaucher** sieht aus wie ein kleiner Pinguin mit einem lustigen Clownsgesicht.

Der **Basstölpel** lässt sich wie ein Stein ins Wasser fallen und schnappt seinen Beutefisch beim Auftauchen.

Im Flug gleicht der **Kormoran** einer Wildgans.

Mithilfe der **Schwimmhäute** an seinen Füßen kann der Kormoran lange Strecken schwimmen und tauchen.

Seine langen **Schwanzfedern** halten ihn im Flug stabil. Er fliegt ruhig und manchmal in elegant aussehendem Gleitflug.

Der Kormoran

ist ein großer schwarzer Vogel, der nicht nur fliegen, sondern auch **schwimmen** und **tauchen** kann.

Nach dem Auftauchen muss der Kormoran sein **Gefieder trocknen** lassen, weil es nicht ganz wasserdicht ist.

Wenn er fliegt, spreizt er die Federn seiner **Flügel fächerartig** auf. Mit dieser Bewegung kann er auch lenken.

In den Dünen

Hinter dem Strand findet man häufig Sanddünen. Die Pflanzen, die hier wachsen, müssen die salzige Luft und den starken Wind aushalten können.

Die Strandpflanzen halten den Sand mit ihren **Wurzeln** fest. Ohne sie würde der Wind den Sand wegwehen.

Die **Strandnelke** blüht rot und steht unter Naturschutz.

Das **Hasenschwänzch**en ist ein zartes Gras, das sich im Wind wiegt.

Die **Stranddistel** ist sehr stachlig. Ihre Blätter und Blüten sind blau.

Der **Strandhafer** wächst in Büscheln. Mit langen Wurzeln hält er den Sand fest.

Auf Sandböden findet man oft **Kiefernwälder.**

Die **Seestrandkiefer** ist das ganze Jahr über grün. Ihr Harz duftet.

Die Frucht der Kiefer heißt **Kiefernzapfen.** Ihre Samenkörner sind von **Schuppen** eingehüllt. Bei trockenem Wetter öffnen sich die Schuppen und die Samen fallen heraus.

Januar
Februar
Juni
Mai
Juli
August
Dezember
November

Die Küste im Jahreslauf

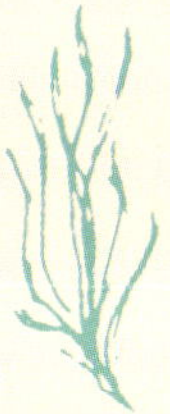

Die Küste verändert sich von Monat zu Monat. Schau dir das Bild an – findest du

- einen Tintenfisch-Schulp?
- eine Möwe?
- einen Kiefernzweig?
- eine Strandnelke?
- die Meeresschnecke?
- einen Kieselstein?

Auch hier hat sich unser Maskottchen versteckt!

Das Leben
in den
Bergen

In den Bergen ist die Kraft der Sonne größer, aber nachts kann es auch viel kälter werden als im Flachland. Im Winter liegt dort immer Schnee. Die Pflanzen und Tiere, die im Gebirge leben, müssen Kälte, Wind und lange Winter ertragen können.

Mach eine Wanderung durch die Berge und suche:
- eine Kuhglocke
- eine Berghütte
- ein Edelweiß
- eine Adlerfeder.

Und vergiss nicht, die Rätselfrage des Bergführers zu beantworten!

Hast du erraten, welches Tier das Maskottchen der Bergwelt ist? Du kannst es auf jeder Doppelseite dieses Kapitels wiederfinden – viel Spaß beim Suchen!

Auf der Alm

Almen sind Bergwiesen, auf denen Tiere weiden können. Die Rinderrassen, die hier gehalten werden, sind kleiner und widerstandsfähiger als andere. Ihre Milch ist sehr gut und wird auch zur Käseherstellung verwendet.

Auf der Alm können sich die Kühe frei bewegen. Damit sie nicht verloren gehen, tragen sie eine **Glocke** um den Hals. Der Almbauer kann seine Herde am Klang der Glocken erkennen.

Das französische **Salers-Rind** hat ein rotbraunes Fell und lange geschwungene Hörner.

Die fahlgelben **Aubrac-Rinder** stammen ebenfalls aus Frankreich. Man erkennt sie an den schwarzen Hornspitzen.

Die Rasse **Abondance** ist braun mit weißen Flecken.

Das **Montbéliarde-Rind** ist braun-weiß gefleckt und besonders groß und kräftig.

Milch und Käse
Die häufigsten Milchkühe in Deutschland sind im Flachland das **Holstein-Rind** und in den Alpen das kleine **Pinzgauer Rind**. Milch und Käse von Bergkühen schmecken kräftig und würzig.

In höheren Lagen, wo weniger wächst, hält man Schafe. Sie brauchen weniger Nahrung als Kühe. Das männliche Schaf heißt **Bock** oder **Widder**. Ein **Hammel** ist ein kastrierter Schafbock. Das Junge heißt **Lamm**. Weibliche Schafe haben keine Hörner.

Die Schur

Das dichte, weiche **Fell** der Schafe wird jedes Jahr im Frühling geschoren, um daraus **Wolle** herzustellen.

Der Hirtenhund

Jeder Schäfer hat einen Hund, der speziell darauf abgerichtet ist, auf die Schafe aufzupassen. Wenn sich ein Schaf verirrt hat, spürt er es auf und führt es zur Herde zurück.

Blumen und Sträucher

Im Gebirge wachsen viele seltene Pflanzenarten. Fast alle stehen unter Naturschutz: Sie dürfen nicht gepflückt werden. Denn im rauen Klima der Berge dauert es sehr lange, bis sie wieder nachwachsen.

Das **Edelweiß** ist mit einem Flaum überzogen, der es vor Kälte schützt.

Die Blüten des **Schwalbenwurz-Enzians** sind dunkelblau.

Der **Gelbe Enzian** kann bis zu 1,50 m hoch werden.

Es gibt viele Arten von **Glockenblumen.** Manche davon sind behaart.

Die **Berg-Flockenblume** ist nah verwandt mit der Kornblume (siehe Seite 32).

Die **Eberwurz** oder **Silberdistel** schließt ihre silbrig glänzende Blüte, wenn es Regen gibt.

Die rot gefleckten Blütenblätter der **Türkenbundlilie** sind zurückgebogen.

Die **Aurikel** ist eine Primelart mit dicken, kräftigen Blättern.

Die **Arnika** mit ihren gelben Blüten ist eine Heilpflanze, die bei Verletzungen hilft.

Im Hochgebirge kann es auch im **Sommer Frost** geben. Zum Schutz gegen die Kälte haben die Pflanzen, die hier wachsen, kürzere Stängel und Zweige und kleinere Blätter.

Sträucher im Gebirge

Aus den sauren Beeren des **Preiselbeer-Strauchs** macht man Marmelade.

Der **Ginster** blüht im Frühling leuchtend gelb.

Der **Wacholder** hat nadelförmige Blätter und dunkelviolette Beeren.

Die vielen violetten Blüten des **Heidekrauts** sind glockenförmig.

Die **Alpenrose** blüht rot oder rosa.

Die Früchte der **Heidelbeere** sind blauschwarz und süßer als Preiselbeeren.

Wildbäche und Wasserfälle

Aus den Wolken, die an den Berggipfeln hängen bleiben, fällt Regen oder Schnee. Das Wasser versickert, sammelt sich und kommt weiter unten am Berghang als Quelle wieder zum Vorschein. Auf ihrem Weg nach unten werden die Bergbäche immer größer und reißender und es entstehen Wasserfälle.

In einem **Gletscher** sind die gewaltigen Schneemassen zu Eis zusammengepresst worden. Der Gletscher fließt sehr langsam talwärts – wie ein riesiger, gefrorener Fluss.

Auf den höchsten Gipfeln der Berge ist es so kalt, dass der Schnee niemals schmilzt. Das nennt man auch den »**ewigen Schnee**«.

An einem Wasserfall stürzt das Wasser über eine Kante frei herab.

Frieren Fische im Winter?

Wenn im Winter die Gebirgsbäche zufrieren, macht das den Fischen nichts aus. Denn unter dem Eis gefriert Wasser nicht.

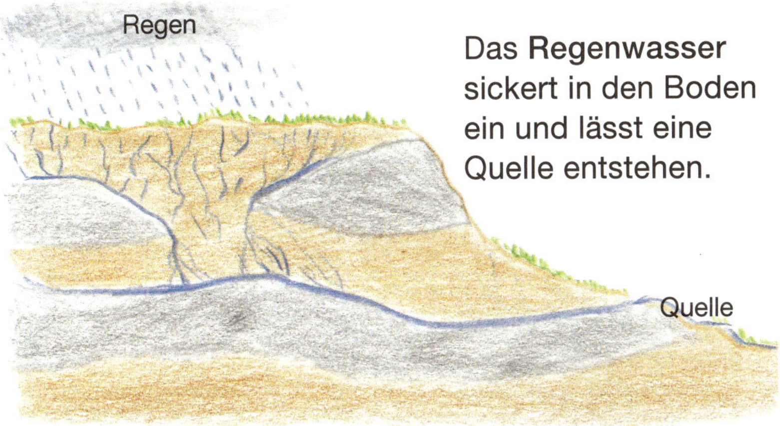

Das **Regenwasser** sickert in den Boden ein und lässt eine Quelle entstehen.

Wenn der **Schnee schmilzt**, schwellen die Flüsse und Bäche stark an.

Die Bewohner der Gebirgsgewässer

Die **Regenbogenforelle** liebt das klare Wasser der Wildbäche.

Die kleine **Elritze** lebt in Schwärmen in sauberen Gebirgsbächen und auch in Bergseen.

Auch die **Groppe** wohnt in Wildbächen und Alpenseen.

Der **Seesaibling** lebt in kalten Bergseen.

Der Bergwald

In jeder Höhenlage wachsen andere Baumarten, denn mit zunehmender Höhe wird es immer kälter. Am Fuß der Berge findet man Eichen- und Buchenwälder, weiter oben Nadelwälder und ganz oben wachsen gar keine Bäume mehr.

Die Bäume auf der Nordseite der Alpen von unten nach oben

Die Zapfen der **Weißtanne** sitzen auf den Zweigen und zeigen nach oben.

Die **Fichte** – unser Weihnachtsbaum – hat nach unten hängende Zapfen.

Die **Hakenkiefer** kommt in den Westalpen vor und hat wie alle Kiefern lange und biegsame Nadeln.

Die Nadeln der **Zirbelkiefer** wachsen immer in Fünfergruppen.

Die weichen Nadeln der **Lärche** sind in Büscheln angeordnet.

Laubbäume
wie Eiche oder Buche werfen ihre Blätter vor dem Winter ab und treiben im Frühjahr wieder neue aus.

Nadelbäume
haben kleine, harte, nadelförmige Blätter. Diese werden im Winter nicht abgeworfen (außer bei der Lärche!). Ihre Früchte nennt man Zapfen.

Die Vogelwelt der Berge

Die Vögel, die im Gebirge leben, finden in den Bergwäldern Schutz. Auf der Suche nach Nahrung fliegen sie auch in die Täler hinab. Manche nisten im Fels.

Der **Fichtenkreuzschnabel** kann mit seinem pinzettenförmigen Schnabel die Samen aus den Zapfen von Fichten und anderen Nadelbäumen herauspicken.

Das **Auerhuhn** ernährt sich von Beeren und Knospen. Es lebt im Wald und ist sehr scheu.

Das **Schneehuhn** ist im Sommer braun und im Winter weiß. Außerdem wachsen ihm im Winter Federn an den Füßen, sodass es nicht im Schnee einsinkt.

Greifvögel

Greifvögel haben einen kräftigen **Schnabel** und große **Fänge**. Mit ihren scharfen Augen erspähen sie jede Beute und stürzen sich dann blitzschnell herab.

Der **Habicht** hat lange Schwanzfedern und jagt kleine Vögel.

Den **Wanderfalken** erkennt man an den sichelförmigen Flügeln.

Der **Bussard** fliegt auf der Suche nach Beutetieren Kreise und schraubt sich dabei immer weiter in die Höhe.

Der **Milan** kann weit fliegen, ohne mit den Flügeln zu schlagen.

Der **Steinadler** baut Jahr für Jahr am selben Platz sein Nest – den Horst – aus Zweigen und Ästen.

Der **Gänsegeier** frisst tote Tiere. Er lebt in Süd- und Osteuropa.

Tiere im Gebirge

Die Tiere, die im Hochgebirge leben, müssen sich vor der Kälte schützen. Deshalb haben sie ein sehr dichtes Fell. Auch müssen sie gute Kletterer sein, denn hier oben gibt es sehr steile Hänge. Auch gute Tarnung im Schnee ist wichtig.

Der **Steinbock** ist eine Wildziegenart. Das Männchen hat lange, gebogene Hörner. Jedes Jahr kommt ein »Ring« dazu. Auf seinen **Hufen** bewegt er sich sehr geschickt und kann auch sehr steile Hänge erklimmen.

Wie die Schafböcke gehen auch die Steinböcke beim Kampf mit gesenktem Kopf aufeinander los.

Die **Gämse** hat kleine, hakenförmige Hörner.

Der **Mufflon** hat eingerollte Hörner. Er stammt aus Sardinien und Korsika.

Der **Luchs** hat sehr scharfe Augen. Er ist selten und kommt nur noch in manchen Mittelgebirgen vor.

Der **Schneehase** bekommt im Winter ein weißes Fell. Damit ist er im Schnee kaum zu erkennen.

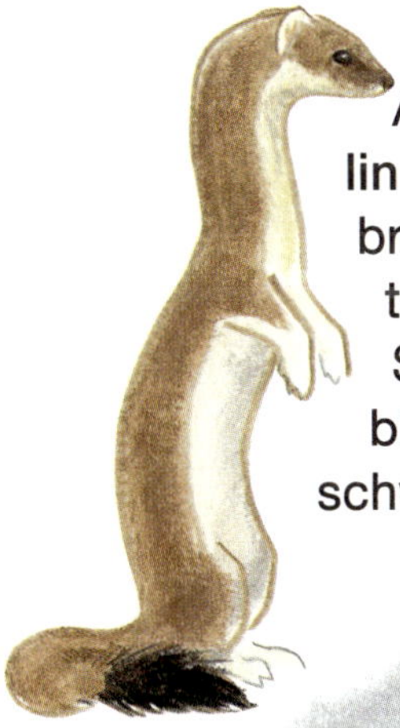

Auch das **Hermelin** ist im Sommer braun und im Winter weiß. Seine Schwanzspitze bleibt immer schwarz.

Der **Braunbär** braucht Ruhe und ein großes Revier. Er ist in Europa heute sehr selten.

Das Murmeltier

Das Murmeltier ist nah mit dem Eichhörnchen verwandt. Wie dieses kann es sich auf die Hinterbeine stellen. Es liebt sonnige Wiesen und gräbt sich einen Bau, in dem es den ganzen Winter verschläft.

Der Jahreslauf des Murmeltiers

Im **Sommer** fressen die Murmeltiere sich eine dicke **Speckschicht** für den Winter an: Blumen, Beeren, Wurzeln, Insekten ...

Sie **dösen** in der Sonne, während die Kleinen herumtollen. Ein Tier hält stets **Wache**.

Wenn ein **Adler** auftaucht, stößt der Wachposten einen lauten Warnpfiff aus.

Dann flüchten alle Murmeltiere zum nächsten Eingang ihres **Baus**.

Im **Herbst** tragen die Murmeltiere **Laub und trockenes Gras** in den Bau.

Jeder **Winterbau** hat eine große Höhle, die mit Heu ausgepolstert ist.

Dann verschließen die Murmeltiere den Eingang ihres Baus, rücken eng aneinander und fallen in den **Winterschlaf**.

Im **Mai** wachen sie wieder auf. Sie sind sehr **abgemagert**, aber jetzt finden sie auf den Wiesen reichlich Nahrung.

Die Gestalt der Berge

Die Gebirge sind vor Millionen von Jahren entstanden, als es noch keine Menschen auf der Erde gab. Die ältesten Gebirge sind inzwischen schon wieder ein Stück abgetragen: Man erkennt sie an den abgerundeten Gipfeln. Die jüngsten Gebirge haben steile, hohe Gipfel, die oft mit Schnee bedeckt sind.

Die **Mittelgebirge** wie der **Schwarzwald** oder die **Schwäbische Alb** sind **alte Gebirge:** Ihre Gipfel sind abgerundet.

Die **Alpen** und die **Pyrenäen** sind **junge Gebirge** oder **Hochgebirge.** Ihre Gipfel sind spitz und hoch.

Was für ein Stein ist das?

Die Berge bestehen aus vielen verschiedenen Arten von Gestein. Gebildet wurden sie durch die Hitze im Erdinneren oder von Vulkanen an der Erdoberfläche, geformt wurden sie durch die Kräfte des Wassers.

Granit stammt aus dem Erdinneren und ist ein Mineraliengemisch.

Grafit ist dunkelgrau. Aus ihm stellt man Bleistiftminen her.

Schiefer ist hell- oder dunkelgrau. Man kann damit Dächer decken.

Basalt ist erstarrte Lava aus Vulkanen.

Marmor ist meist gemasert und sehr hart.

Höhlen und **Felsspalten** entstehen durch Wasser, das sich im Laufe vieler Jahrtausende seinen Weg durch den Kalkstein frisst.

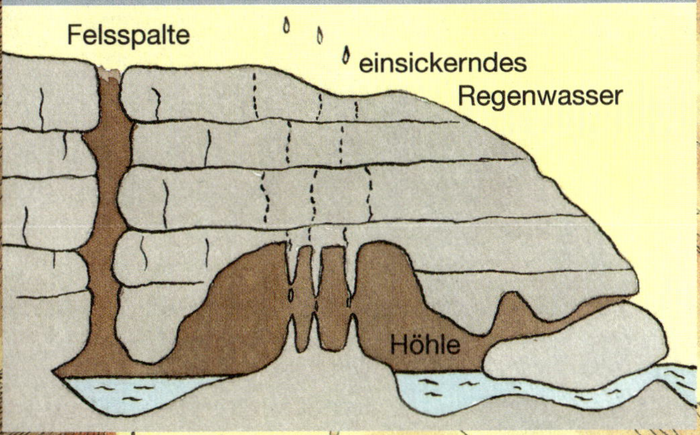

Die Zapfen, die von der Höhlendecke herabhängen, nennt man **Stalaktiten.**

Die Zapfen, die vom Höhlenboden nach oben wachsen, heißen **Stalagmiten.**

Januar
Februar
Juni
Mai
Juli
August
Dezember
November

Das Gebirge im

Jahreslauf

Das Gebirge verändert sich von Monat zu Monat. Schau dir das Bild an – findest du

- das Hermelin?
- eine Gämse?
- ein Schaf?
- Heidelbeeren?
- den Fichtenkreuzschnabel?
- einen Schneehasen?

Auch hier hat sich unser Maskottchen versteckt!

Das Leben am

Mittelmeer

Die Länder am Mittelmeer sind das Reich der Sonne. In diesem heißen und trockenen Klima gedeihen ganz andere Pflanzen als in unseren Breiten. Auch die Tierwelt ist anders. Alle Lebewesen hier vertragen keine Kälte, können aber dafür Trockenheit gut aushalten.

Mach einen Spaziergang durch die Mittelmeerlandschaft und suche

- einen Feigenbaum
- eine Ziege
- eine Zikade
- eine Schildkröte.

Und vergiss nicht, die Rätselfrage des Ziegenhirten zu beantworten!

Ich sitz auf der Mauer ganz still auf der Lauer. Verlier ich den Schwanz, ist er bald wieder ganz. Wer bin ich?
Hast du erraten, welches Tier das Maskottchen des Mittelmeers ist? Du kannst es auf jeder Doppelseite dieses Kapitels wiederfinden – viel Spaß beim Suchen!

Mittelmeerpflanzen

In den sonnigen Regionen des Südens müssen die Pflanzen die lange Trockenzeit im Sommer überstehen können. Hier gibt es Pflanzen, die Wasser speichern können, Sträucher mit Dornen oder Stacheln und eine Vielzahl von Blumen.

Bäume und Sträucher sind häufig **das ganze Jahr über grün**.
Sie werfen ihre Blätter im **Herbst nicht ab**.
Die Blätter sind meist **hart** und **glänzend** – so trocknen sie nicht so leicht aus.

Wasser speichernde Pflanzen

Diese Pflanzen nennt man auch **Sukkulenten.** In ihren dicken, **fleischigen Blättern** können sie reiche **Wasservorräte** anlegen.

Die Stängel des **Feigenkaktus** sehen aus wie stachlige Paddel. Seine Früchte sind essbar.

Die Blüte der **Hauswurz** gleicht einer Artischocke.

Die **Agave** blüht nur ein einziges Mal. Ihre Blätter sind stachlig.

Sträucher

Die **Myrte** hat fein duftende Blätter und Blüten.

Die Früchte des **Erdbeerbaums** erinnern an Erdbeeren, schmecken aber nicht so gut.

Die Blütenblätter der **Cistrose** sind rosa oder weiß und fein wie Seidenpapier.

Die Bäume der Mittelmeerländer

Wenn im Süden die Sonne vom Himmel brennt, spenden die Bäume kühlen Schatten. Die meisten riechen auch sehr gut.

Die **Zypresse** ist hoch und schlank und spendet deshalb wenig Schatten. Aber sie schützt vor Wind.

Die **Pinie** wird sehr groß und spendet Schatten wie ein riesiger Sonnenschirm. Die Samen in ihren Zapfen kennen wir als leckere Pinienkerne.

Die Blätter des **Eukalyptus** sind lang und blaugrün bereift. Sie duften aromatisch.

Der **Feigenbaum** hat schön geformte Blätter. Feigen kann man frisch oder getrocknet essen.

Mittelmeer-Eichen

Ihre **Blätter** und ihre **Borke** schützen sie vor Trockenheit.

Die **Immergrüne Eiche** oder **Steineiche** behält ihre Blätter im Winter.

Aus der Borke der **Korkeiche** werden Flaschenkorken hergestellt.

Blumen und Früchte

In den Mittelmeerländern wachsen duftende Pflanzen mit farbenfrohen Blüten. Auch sehr schmackhaftes Obst und Gemüse wird dort angebaut.

Die **Mimose** ist ein Baum, der im Winter blüht. Ihre Blüten gleichen winzigen, gelben Troddeln und **duften** fein.

Der **Oleander** blüht den ganzen Sommer lang in Weiß, Rot oder Rosa.

Die zähen Blätter des **Lorbeerbaums** werden zum Würzen von Speisen verwendet.

Das Fruchtfleisch der **Wassermelone** ist rot.

Die **Honigmelone** schmeckt sehr süß.

Chili-Schoten sind sehr scharf.

Die **Paprika** kann rot, grün oder gelb sein.

Die **Aubergine** ist violett.

Mandelbaum

Zitronenbaum

Aprikosenbaum

Palmen haben sehr große Blätter, die Palmwedel. Die essbaren Früchte der **Dattelpalme** heißen Datteln.

Die Frucht des **Granatapfelbaums** ist gefüllt mit kleinen roten, erfrischenden Beeren.

Die Früchte des **Orangenbaums** werden im Winter reif.

Weinstock und Olivenbaum

Schon seit jeher werden in den südlichen Ländern Wein und Oliven angebaut, die viel Sonne brauchen. Am Weinstock wachsen Weintrauben, aus denen Wein hergestellt wird. Die fetthaltigen Früchte des Olivenbaums liefern gutes Speiseöl.

Die **Weinstöcke** werden in langen, geraden **Reihen** angebaut. Sie werden sorgfältig **beschnitten,** damit sich gute Früchte entwickeln.

Die Form, in der die **Weinbeere** oder Weintraube wächst, wird ebenfalls **Traube** genannt.

Es gibt **blaue** und **weiße** Trauben.

Der Weinstock ist eine Kletterpflanze. Der Stamm heißt Rebstock, die Äste und Zweige sind zu Ranken umgebildet. Damit hält sich die Pflanze am Stützdraht fest. Aus manchen Trauben wird **Wein** gemacht, andere werden als **Obst** gegessen.

Wenn die Oliven reif sind, werden sie schwarz.

Der Lavendel hat kleine violette Blüten, die in Ähren angeordnet sind und angenehm duften.

Olivenbäume werden sehr alt. Sie behalten ihre silbrig schimmernden Blätter auch im Winter.

Aus den Blüten des Lavendels wird Parfum und Duftöl hergestellt.

Haustiere und wilde Tiere

Im warmen und trockenen Klima der Mittelmeerländer halten die Bauern Tiere, die von den trockenen Pflanzen satt werden und mit wenig Nahrung auskommen. Auch aus Ziegenmilch wird Käse gemacht.

Die **Ziege** frisst Blätter und Zweige von Sträuchern und Bäumen. Sie hat keine Angst vor Dornen.

Das Ziegenkind wird **Zicklein** genannt. Schon die ganz kleinen Zicklein tollen oft wild herum.

Das Männchen, der **Ziegenbock**, hat bei manchen Arten gedrehte Hörner. Er riecht streng.

Der **Esel** ist kleiner als das Pferd, aber sehr stark. Manchmal werden Esel auch heute noch zum Transportieren schwerer **Lasten** eingesetzt.

Eine schöne Landschaft am Mittelmeer ist zum Beispiel die Camargue in Südfrankreich. Hier werden **Pferde** und **Rinder** gehalten, die auf den weiten, teilweise sumpfigen Wiesen und Feldern frei herumlaufen können.

Kleintiere und Insekten

Die Zikade hört man in südeuropäischen Ländern von morgens bis abends zirpen. Aber Vorsicht: In dem trockenen Klima fühlen sich auch Tiere wohl, die uns Menschen gefährlich werden können!

Die **Zikade** verbringt ihre ersten zwei bis vier Lebensjahre als Larve unter der Erde. Das erwachsene Insekt lebt dann nur noch einige Monate. Nur das Männchen zirpt mit einem speziellen Organ im Hinterleib, um Weibchen anzulocken.

Natter oder Viper?

Die **Natter** lebt in feuchten Gebieten. Sie ist harmlos.

Die **Viper** lebt in trockenen Gegenden. Sie ist giftig, der Biss mancher Arten ist sogar tödlich.

Die **Stubenfliege** kann kopfüber an der Decke laufen und sogar schlafen. Denn sie hat winzige Hafthaare an den Füßen, mit denen sie an der Fläche »klebt«. Sie legt Hunderte von Eiern, aus denen nach einem Tag **Maden** schlüpfen. Diese verwandeln sich später in die erwachsenen Fliegen.

Die **Bremse** ist eine große Fliegenart. Das **Weibchen** kann mit seinem Stich Krankheiten übertragen.

Die **Gottesanbeterin** ist eine große so genannte Fangschrecken-Art. Das Weibchen ist größer als das Männchen. Manchmal fressen sich Gottesanbeterinnen gegenseitig auf.

Die **Schildkröte** kommt nur langsam vom Fleck. Bei Gefahr zieht sie sich in ihren **Panzer** zurück. Sie kann sehr alt werden.

Wie seine Verwandten hat der **Skorpion** zwei Scheren und einen **Giftstachel**. Der Stich der meisten Mittelmeer-Skorpionarten ist nicht tödlich.

Am
Mittelmeer

Die Eidechse

Die Eidechse sonnt sich gerne auf Mauern und Steinen. Im Winter zieht sie sich unter die Erde zurück. Die Eidechse gehört zu den Reptilien. Sie kann gut klettern und ernährt sich von Insekten.

Wie alle **Reptilien** kann die Zauneidechse ihren Körper nicht selbst warm halten. Deswegen braucht sie Wärme von außen.

Der Schwanz ist ab!

Wenn sich die Eidechse sehr **bedroht** fühlt, kann sie ihren **Schwanz abwerfen**. Sie überlässt ihn dem Angreifer, damit sie fliehen kann. Aber er wächst nur **ein einziges Mal** nach! Deshalb sollte man Eidechsen in Ruhe lassen und **nicht unnötig erschrecken**.

Eidechsenkinder

Gleich nach dem Schlüpfen gehen die jungen Eidechsen auf **Insektenjagd**.

Die Smaragdeidechse

Sie wird doppelt so groß wie die Zauneidechse. Wenn sie zubeißt, muss man sie am **Bauch kitzeln**, damit sie loslässt.

Eine Eidechse ohne Beine

Die **Blindschleiche** ist eine Eidechse, obwohl sie aussieht wie eine Schlange.

Saugnäpfe

Der **Gecko** ist eine Eidechsenart mit großen Glupschaugen. Mithilfe von Saugnäpfen an den Füßen kann er **an der Decke gehen**.

Die Küsten des Mittelmeers

Am Mittelmeer gibt es viele kleine Felsbuchten und Sandstrände. Im Wasser sieht man bunte Fische, die herumschwimmen oder sich zwischen den Felsen verstecken.

Der **Drachenkopf** schützt sich mit seinen giftigen Stacheln vor Feinden. Er versteckt sich zwischen Algen und Felsen.

Die **Muräne** sieht aus wie ein großer, sehr langer Aal. Auch sie versteckt sich gerne in Felslöchern. Ihr Biss ist gefährlich.

Der **Zackenbarsch** kann sehr groß und dick werden. Taucher finden ihn sehr eindrucksvoll.

Der **Seeigel** hält sich mit seinen Saugnäpfen an Felsen fest. Er schützt sich mit seinen zahlreichen **Stacheln**. Man sollte ihn nicht anfassen, denn ein Stich ist sehr schmerzhaft.

Der **Seestern** hat fünf Arme. Mit winzigen Saugfüßchen kann er über den Meeresboden laufen. Wenn er einen Arm verliert, **wächst er wieder nach**.

Die **Qualle** ist durchsichtig und lässt sich mit der Strömung treiben. Ihre Tentakel sind **giftig**. Eine Berührung damit ist sehr schmerzhaft und kann bei manchen Arten tödlich sein.

Die **Seegurke** ist mit dem Seestern und dem Seeigel verwandt. Sie hat aber einen länglichen, walzenförmigen Körper.

Januar
Februar
Juni
Mai
Juli
August
Dezember
November

Am Mittelmeer im

Jahreslauf

Die Regionen am Mittelmeer verändern sich von Monat zu Monat. Schau dir das Bild an – findest du

- die Zypresse?
- eine Pinie?
- die Viper?
- eine Aprikose?
- eine Zitrone?
- eine Orange?

Auch hier hat sich unser Maskottchen versteckt!

Tafel 1

Blumen

Gänseblümchen
Margerite
Mohn
Flockenblume
Winde
Herbstzeitlose
Löwenzahn
Veilchen
Immergrün
Maiglöckchen
Aronstab
Edelweiß
Gartenanemone
Busch-
wind-
röschen
Schwalbenwurz-
Enzian
Gelber
Enzian

Tafel 2

Gemüse

Tafel 3

Gewürz- und Küchenkräuter

Tafel 4

Beeren

Tafel 5

Obstbäume

Apfelbaum und Apfel

Kirschbaum
und Kirsche

Pflaumenbaum
und Pflaume

Pfirsichbaum
und Pfirsich

Birnbaum und Birne

Aprikosenbaum
und Aprikose

Orangenbaum
und Orange

Zitronenbaum
und Zitrone

Mandelbaum
und Mandel

Walnussbaum
und Walnuss

Haselstrauch
und Haselnuss

Olivenbaum
und Olive

Feigenbaum
und Feige

Tafel 6

Bäume

Tafel 7

Tiere auf dem Bauernhof

Tafel 8

Säugetiere

Tafel 9

Vögel

Tafel 10

Insekten

Tafel 11

Reptilien und Amphibien

Tafel 12

Fische

Süßwasserfische

Meeresfische

Tafel 13

Krustentiere und Weichtiere

Tafel 14

Formen in der Natur

Blätter

Nester

Füße und Pfoten

Flügel

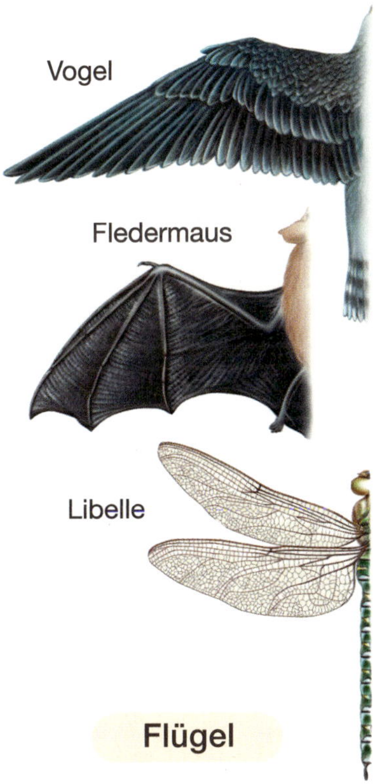

Schwänze

Schnäbel

Register

A

Aal 57
Abondance-Rind 108
Agave 129
Ahorn 9
Algen 91
Alm 108
Alpen 122
Alpenrose 111
Ameise 77, 155
Ameisenhaufen 77
Ameisenkönigin 77
Amsel 22, 23, 154
Apfel 17, 150
Apfelbaum 150
Aprikose 150
Aprikosenbaum 133, 150
Arbeiterin (Ameise) 77
Arnika 110
Aronstab 72, 147
Artischocke 148
Aubergine 132, 148
Aubrac-Rind 108
Auerhahn 116
Auerhuhn 116
Aurikel 110
Auster 92, 93
Austernfarm 93

B

Bändertang 91
Bär 119
Basalt 122
Basilikum 149
Basstölpel 100
Batavia 148
Baumwurzeln 48
Bekassine 58, 154
Berg-Flockenblume 110
Bergwälder 114
Biber 63, 153
Biene 35, 155
Binse 49
Birke 69, 151
Birnbaum 150
Birne 17, 150
Bisamratte 62
Blasentang 91
Blaubeere 149
Blaumeise 22, 23, 154
Blauregen 13
Blindschleiche 141
Blumenkohl 148
Bohne 148
Bohne, Grüne 15
Borke 68
Braunbär 119, 153
Bremse 139, 155
Brennnessel 28
Brombeere 29, 149
Brombeerstrauch 71
Buche 69
Bucheckern 69
Buntspecht 78
Buschwindröschen 72, 147
Bussard 117, 154

C

Charolais-Ochse 152
Chicorée 148
Chili 132, 148
Cistrose 129
Clematis 13

D

Dachs 83, 153
Dahlie 12, 146
Dattelpalme 133
Dichternarzisse 12, 146
Dill 149
Distel 28
Drachenkopf 142
Dünen 102

E

Ebbe 88
Eberesche 71, 151
Eberwurz 110
Edelweiß 110, 147
Efeu 71
Eiche 69, 70, 151
Eichelhäher 78, 154
Eicheln 69
Eichhörnchen 83, 153
Eidechse 140, 141
Einsiedlerkrebs 93
Eisvogel 58, 154
Elritze 113
Elster 38, 154
Ente 152
Entenmuschel 92
Enzian 110
Erbse 15, 148
Erdbeerbaum 129
Erdbeere 16, 149
Erdbirne 15
Erle 48
Erpel 152
Esche 48
Esel 136, 152
Esskastanie 69, 151
Estragon 149
Eukalyptus 131, 151
Eulenvögel 80, 81
Ewiger Schnee 112
Ewiges Eis 112

F

Falsche Akazie 151
Farn 73
Fasan 39, 154
Feige 150
Feigenbaum 131, 150
Feigenkaktus 129
Feldahorn 151
Feldhase 153
Feldmaus 31, 153
Feuersalamander 53, 155
Feuerwanze 19
Fichte 114, 115
Fichtenkreuzschnabel 116
Fischeier 55
Fischotter 63
Fledermaus 31, 153
Flieder 13
Fliege 139
Fliegenpilz 74
Flockenblume 147
Flut 88
Forst 70
Frischlinge 83, 153
Frosch 52
Früchte des Erdbeerbaums 149
Fuchs 83, 153

G

Gämse 119, 153
Gans 43, 152
Gänseblümchen 32, 147
Gänsegeier 117, 154
Garnele 96
Gartenanemone 147
Gartenhyazinthe 146
Garten-Iris 146
Gartenkreuzspinne 19
Gartenrose 13
Gecko 141, 155
Gehörn 82
Gelber Enzian 110, 147
Geranie 146
Gerste 40
Gesteine 122
Geweih 82
Gewölle 80
Gezeiten 88
Giftpilze 74, 75
Ginkgo 9
Ginster 111
Gletscher 112
Glimmerschiefer 88
Glockenblume 110
Glühwürmchen 34
Glyzine 13
Goldkäfer 18, 155
Goldlack 11, 146
Gottesanbeterin 139, 155
Grafit 122
Granatapfelbaum 133
Granit 88, 122
Grasfrosch 155
Graugans 61
Graureiher 58, 59, 154
Greifvögel 117
Grille 34, 155
Groppe 113
Großes Nachtpfauenauge 21
Großlibelle 51
Grünblättriger Schwefelkopf 75
gründeln 59
Gründling 56
Grüner Knollenblätterpilz 74
Grünkohl 15
Grünspecht 78
Gurke 15

H

Habicht 117
Hafer 40
Hagebutte 29
Hahn 43, 152
Hahnenfuß 32, 33
Hahnenkamm 75
Hainbuche 69, 151
Hakenkiefer 115
Hase 30
Haselnuss 29, 150
Haselstrauch 150
Hasenschwänzchen 102
Hausente 60
Hausgans 61
Hausschwein 43
Haussperling 22, 23, 154
Hauswurz 129
Häutung (Krebs) 95
Hecht 56, 156
Heckenrose 13, 29
Heidekraut 111

Heidelbeere 149
Heidelbeerstrauch 111
Henne 152
Herbstzeitlose 33, 147
Hering 98
Hermelin 119, 153
Herzmuschel 90, 156
Heu 29
Heuschrecke 34, 139, 155
Himbeere 16, 149
Hirsch 82
Hirschkäfer 76
Hirschkalb 82
Hirschkuh 82
Hirtenhund 109
Hochgebirge 122
Höhlen 123
Holstein-Rind 108, 152
Holunder 29
Honigmelone 132
Hornisse 35
Huhn 43, 152
Hummel 19, 155
Hummer 96, 156
Humus 73
Hyazinthe 12, 72

I
Igel 31, 153
Immergrün 72, 147
Immergrüne Eiche 131
Iris 12

J
Jahresringe 68
Jakobsmuschel 90, 156
Johannisbeere 16, 149
Jungfer 51

K
Kalb 42
Kalmar 97, 156
Kammmuschel 90
Kaninchen 30, 153
Kapuzinerkresse 11, 146
Karotte 148
Karpfen 54, 55, 156
Kartoffel 14, 15, 148
Käse 108
Kastanie 69, 70
Kauz 80, 81
Kiefer 114, 115, 151
Kiefernwälder 103, 114
Kiefernzapfen 103
Kieselsteine 88
Kirschbaum 150
Kirsche 17, 150
Klatschmohn 32
Klee 28
Kleinlibelle 51
Knieper 94
Knoblauch 15
Knollensellerie 148
Kopfsalat 148
Korkeiche 131
Kormoran 101, 154
Kornblume 32
Krabben 94, 95, 156
Krähe 38, 154
Krake 97
Kranich 61
Krebse 94, 95
Krickente 60
Kröte 53, 155
Kuckuck 78
Kuh 42, 108
Küken 43
Kürbis 15, 148

L
Lachmöwe 100, 154
Lachs 57
Laich 57
Lamm 109, 152
Languste 96, 156
Langustine 96
Lärche 114, 115
Larve (Biene) 35
Larve (Fisch) 55
Larve (Libelle) 51
Latschenkiefer 114
Laubfrosch 52, 53, 155
Laubwald 70, 114, 115
Lauch 15, 148
Lavendel 135
Lerche 39
Libelle 51
Lichtung 70
Lilie 146
Linde 9, 151
Lorbeer 149
Lorbeerbaum 132
Löwenzahn 33, 147
Luchs 119
Luzerne 28

M
Made 139
Maiglöckchen 72, 147
Maikäfer 19, 155
Mais 40
Makrele 98, 156
Mammutbaum 8
Mandel 150
Mandelbaum 133, 150
Marder 83
Margerite 32, 33, 147
Marienkäfer 18, 155
Marmor 122
Märzenbecher 72
Mauersegler 22, 23
Maulwurf 31, 153
Meeraal 98, 156
Meerbarbe 98
Meeresfische 98, 99, 156
Meersalat 91
Metamorphose 20, 51
Miesmuschel 92, 156
Milan 117
Milch 108
Mimose 132
Minze 149
Mistel 71
Mittelgebirge 122
Mohn 147
Möhre 14, 15, 148
Montbéliarde-Rind 108
Moos 73
Möwen 100
Mufflon 119, 153
Muräne 142
Murmeltier 120, 121, 153
Muscheln 89, 90, 92, 93
Muschelzucht 93
Myrte 129

N
Nachtfalter 21
Nachtigall 78, 154
Nacktschnecke 19, 76
Nadelwald 70, 114, 115
Napfschnecke 92
Narzisse 146
Natter 138, 155
Nelke 11, 146
Normannische Kuh 152
Nutria 62

O
Ochse 42
Ohrwurm 19
Oleander 132
Olive 135, 150
Olivenbaum 135, 150
Orange 150
Orangefuchsiger Raukopf 74
Orangenbaum 133, 150
Orangeroter Becherling 75
Osterglocke 12

P
Palme 133
Papageientaucher 100, 154
Pappel 48, 151
Paprika 132, 148
Pepperoni 148
Perlhuhn 43, 152
Petersilie 149
Petunie 146
Pferd 137, 152
Pfingstrose 146
Pfirsich 17, 150
Pfirsichbaum 150
Pflaume 17, 150
Pflaumenbaum 150
Pilze 74, 75
Pinie 130
Pinzgauer Rind 108
Plantage 70
Platane 8, 151
Preiselbeere 149
Preiselbeerstrauch 111
Primel 11, 146
Puppe 20
Pyrenäen 122

Q
Qualle 143
Quarz 88
Quelle 113

R
Rabe 38
Radieschen 15, 148
Raps 41
Rauchschwalbe 22, 23, 154
Raupe 20
Rebhuhn 39, 154
Regenbogenforelle 113, 156
Regenwurm 18
Reh 82
Rehbock 82, 153
Rehkitz 82
Reiher 58, 59
Reiherente 59
Reptilien 140, 141
Ricke 82, 153
Rind 42, 108, 137
Ringelblume 11
Rippelmarken 89
Robinie 71, 151
Rochen 98
Roggen 40
Rohrkolben 49
Romana 148
Rose 13, 146
Rosenkäfer 18, 155
Rosenkohl 148
Rosmarin 149
Rosskastanie 9, 151
Rotbuche 151
Rothirsch 82, 153
Rotkehlchen 22, 23, 154

S
Salat 14, 15
Salatgurke 148
Salat-Sorten 148
Salers-Rind 108
Salomonssiegel 72
Sand 88
Sardine 98, 156
Satanspilz 74
Sau 43
Schaf 109, 152
Schafbock 109
Schiefer 122
Schildkröte 139

Schilf, Gemeines 49
Schleiereule 81
Schleierling 74
Schlüsselblume 32, 33, 146
Schmetterling 20
Schmetterlingsporling 75
Schnecke 19, 36, 76
Schneeglöckchen 12, 146
Schneehase 119
Schneehuhn 116
Schnittlauch 149
Scholle 98, 156
Schulp (Tintenfisch) 89, 97
Schur 109
Schwäbische Alb 122
Schwalbenschwanz 21
Schwalbenwurz-Enzian 110, 147
Schwarze Johannisbeere 16
Schwarzwald 122
Schwein 43, 152
Schwertmuschel 90
Schwimmenten 59
Schwimmhäute 52, 59, 63, 101, 157
See-Anemone 93
Seegurke 143
Seeigel 143, 156
Seepferdchen 99, 156
Seerose 49
Seesaibling 113
Seeschwalbe 100
Seespinne 95
Seestern 93, 143, 156
Seestrandkiefer 103
Semmelstoppelpilz 75
Silberdistel 110
Silbermöwe 100, 154
Silberweide 48
Skorpion 139
Smaragdeidechse 141, 155
Sonnenblume 41
Spargel 148
Spatz 22, 23, 154
Sperber 117, 154
Sperling 22, 23, 154
Spießente 59
Spinat 15, 148
Spitzmaus 31, 153
Stabheuschrecke 76
Stachelbeere 149
Stalagmiten 123
Stalaktiten 123
Stangensellerie 148
Stechmücke 50, 155
Stechpalme 71
Steckrübe 15
Steinadler 117, 154
Steinbock 118, 153
Steineiche 131
Steinkauz 81
Steinpilz 75
Sternmiere 72
Stiefmütterchen 11, 148
Stier 42, 137, 152
Stockente 60
Stockrose 11
Storch 61
Stranddistel 102
Strandhafer 102
Strandnelke 102
Strandpflanzen 102
Strandschnecke 90
Stubenfliege 139, 155
Sukkulenten 129
Sumpfbiber 62
Sumpfschnepfe 58, 154
Sumpf-Schwertlilie 49, 146
Sumpf-Vergissmeinnicht 49
Süßwasserfische 54–57, 156

T

Tagfalter 21
Tagpfauenauge 21, 155
Tanne 114, 115, 151
Taschenkrebs 94
Taube 22, 23, 154
Tauchenten 59
Teichhuhn 58
Teichmolch 53, 155
Tentakel 93
Thunfisch 98, 156
Thymian 149
Tintenfisch 97
Tomate 14, 15, 148
Topinambur 15
Totentrompete 75
Träubelhyazinthe 72, 146
Tropfsteinhöhle 123
Truthahn 43, 152
Truthuhn 43
Tulpe 12, 146
Türkenbundlilie 110
Turteltaube 22, 23

U

Uhu 81

V

Veilchen 72, 147
Venusmuschel 89, 90
Viper 138, 155
Vogelbeere 71
Vogeleier 79
Vogelnest 79

W

Wacholder 111
Wachtel 39
Waldameise 77
Walderdbeere 73, 149
Waldkauz 80, 154
Waldmaus 31
Waldohreule 81
Walnuss 29, 150
Walnussbaum 150
Wanderfalke 117, 154
Wanderfische 57
Wasser speichernde Pflanzen 129
Wasserfall 113
Wasserläufer 50
Wasserlinse 49
Wassermelone 132
Wasserspinne 50
Wattwurm 89
Wein 134
Weinbeere 134
Weinbergschnecke 36, 37
Weinstock 134
Weißdorn 29
Weißkohl 148
Weißstorch 61, 154
Weizen 40
Wels 56, 156
Wespe 35, 155
Wicke 11
Widder 109, 152
Wiesel 153
Wildgans 61
Wildkirsche 71
Wildsau 83
Wildschwein 83, 153
Winde 33, 147
Winterschlaf 121
Wolf 153
Wollkrabbe 95

Z

Zackenbarsch 142
Zauneidechse 140, 141
Zecke 76
Zeder 8
Zicklein 136
Ziege 136, 152
Ziegenbock 136, 152
Zikade 138, 155
Zirbelkiefer 114, 115
Zitrone 150
Zitronenbaum 133, 150
Zitronenfalter 21
Zucchini 148
Zuckerrübe 41
Zuckertang 91
Zugvögel 60
Zwergohreule 81
Zwiebel 15, 148
Zypresse 130, 151

Wo hat sich das Maskottchen versteckt?
Die folgenden kleinen Tipps sollen dir helfen, es zu finden:

6/7: Rechen; 8/9: Ginkgobaum; 10/11: Wicke; 12/13: Heckenrose; 14/15: Kürbis; 16/17: Himbeeren; 18/19: Gartenkreuzspinne; 22/23: Gießkanne; 24/25: Juli; 26/27: Pferdestall; 28/29: Brombeerstrauch; 30/31: Kaninchenbau; 32/33: Schlüsselblume; 34/35: Bienenstock; 38/39: Schnabel der Elster; 40/41: Hafer; 42/43: Schweine; 44/45: Mai; 46/47: Seerose; 48/49: Wasserlinsen; 50/51: Seerose; 54/55: Fischeier; 56/57: Gründling; 58/59: Enten; 60/61: Storchennest; 62/63: Fischotter; 64/65: Juni; 66/67: Baumloch; 68/69: Baum auf Seite 68; 70/71: Forst/Plantage; 72/73: Baum; 74/75: Schmetterlingsporling; 76/77: Ameisenhaufen; 78/79: Buntspecht; 82/83: Marder; 84/85: August; 86/87: Fels im Wasser; 88/89: grüne Plastikflasche; 90/91: Blasentang; 92/93: Unterwasserhöhle; 96/97: Krake; 98/99: Seepferdchen; 100/101: Kormoranfelsen; 102/103: Kiefernwald; 104/105: Juni; 106/107: Stein zwischen Kiefern; 108/109: Schafherde oben; 110/111: Baumstamm; 112/113: Wasserfall (Mitte); 114/115: Hakenkiefer; 116/117: Königsadler; 118/119: rechts von den Steinböcken; 122/123: kleiner Felsen; 124/125: Juni; 126/127: Steinmauer; 128/129: Agave; 130/131: Feigenbaum; 132/133: Dattelpalme; 134/135: Weinstock; 136/137: Esel; 138/139: Natter; 142/143: Strand; 144/145: Oktober

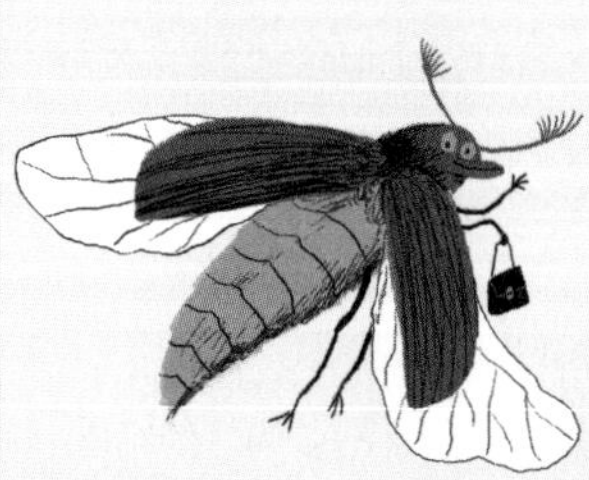